CW01636380

(très)

CHER CINÉMA FRANÇAIS

Né en 1956, journaliste et critique cinéma au *Figaro* et dans l'émission *Le Masque et la Plume*, Éric Neuhoff a notamment obtenu le prix des Deux Magots 1996 pour *Barbe à papa*, le prix Interallié 1997 pour *La Petite Française*, le Grand Prix du roman de l'Académie française 2001 pour *Un bien fou* ainsi que le prix Renaudot essai 2019 pour *(très) Cher cinéma français*. Il a également reçu en 2014 le prix Prince-Pierre-de-Monaco pour l'ensemble de son œuvre.

Paru au Livre de Poche :

COSTA BRAVA

ÉRIC NEUHOFF

(très) Cher cinéma français

Préface inédite de l'auteur

ALBIN MICHEL

© Éditions Albin Michel, 2019.
ISBN : 978-2-253-93615-2 – 1re publication LGF

Deuxième séance

Il ne fallait pas. Ce livre était un pamphlet. Bien sûr, il disait beaucoup de mal du cinéma français. Était-ce une raison pour fermer les salles pendant tous ces mois ? Ces pages n'étaient pas à prendre entièrement au pied de la lettre. Elles n'exigeaient pas ces mesures drastiques. Il s'agissait simplement d'un coup de gueule, d'une saine colère. L'auteur avait le tort d'être excédé par le nombre de mauvais films que son métier – critique : en plus d'être fort peu rémunérée, cette activité réclame un estomac d'autruche – l'obligeait à voir. Le but était de crier au secours, de secouer le plat de nouilles, sans chercher la Fémis à quatorze heures. On n'était pas là pour mâcher ses mots. Enfoncer le clou, gratter les plaies, tel était le propos. Après tout, il n'était question que de cinéma, de ce qu'il en reste chez nous. Le confinement arriva presque comme une suite logique. Les plates-formes se frottèrent les mains. Le Covid permit à de braves téléspectateurs qui n'en demandaient pas tant de redécouvrir des tas de classiques. Ce fut un jeu dangereux. Désormais, le risque est grand de mettre la barre encore plus haut. On ne se contenterait plus de la production moyenne.

Ce genre de texte imposait de frapper fort. Feu sur le quartier général. L'excès constitue la règle. Il convient d'être injuste, partial. Il y eut certes des oublis. Pourquoi ne pas avoir parlé de Nicole Garcia, de Patrice Leconte qui n'ont pas à rougir de leurs œuvres ? J'avais l'air de m'acharner sur Benoît Jacquot : ça n'était en effet pas l'endroit pour rappeler les qualités de *Trois cœurs*.

Des réactions furent extrêmes. Toujours les mêmes. Une réalisatrice surestimée demanda à l'antenne mon renvoi de France Inter. Cela ne fut pas suivi d'effet. Nos artistes ont une fâcheuse tendance à se transformer en gardes-chiourme. *(très)*

Cher cinéma français eut le malheur d'être récompensé par le Renaudot essai. Des cris d'orfraie s'élevèrent. Qu'est-ce qu'on n'a pas entendu !

Les gens de cinéma sont des vétilleux. Tout les agace. Un rien les meurtrit. Leur génie devrait être conservé sous cloche. C'était amusant, oui, de se moquer de leurs pensums, de bâiller devant leur prétention, de signaler leur absence d'humour. Aucun regret. Un chapitre fustigeait les Césars. On était loin du compte. La dernière cérémonie, de sinistre mémoire, alla au-delà de nos espérances les plus folles.

Ces professionnels à l'épiderme sensible, ces âmes délicates et torturées, ne comprennent pas que le public est libre. Lui aussi, en face d'un navet, peut reprendre le slogan : On se lève et on se barre ! Ultime confidence. La tentation existe d'écrire une suite, *(très) Cher cinéma fait du ski*. Puis ce serait *(très) Cher cinéma contre Frankenstein*. Mais chut.

HS. Kaputt. Finito. Arrêtons les frais. Le cinéma français agonise sous nos yeux. Il ne faut plus se voiler la face. Notre cinéma se meurt, notre cinéma est mort. *Les Inrocks* et *Télérama* tiennent les cordons du poêle. Préparez les youyous.

Les apparences sont trompeuses. Il affiche une santé mensongère. À l'intérieur, il sait bien que ses entrailles se décomposent – cette odeur –, qu'il n'a plus l'âge de ces âneries. Il tourne mal. C'est un vieux beau aux cheveux teints, les joues gonflées de collagène. Les chirurgiens esthétiques s'appellent CNC, chaînes, régions. Ces aides multiples, qui se signalent par leur constante inefficacité, entretiennent une fiction à laquelle la profession fait semblant de croire. Comme notre cinéma est pimpant ! Toutes ces instances conspirent à vouloir son bien : elles ne réussissent qu'à l'enterrer vivant. Il y a, oui, des films français. Le cinéma les a désertés. Que s'est-il passé ? Il suffit d'observer la tête des spectateurs à la sortie des salles pour mesurer l'étendue du désastre. Ils ressemblent presque aux rescapés d'un attentat. La fête s'est transformée en punition. Le public n'est pas dupe. On ne la lui fait plus.

Ce cinéma est à peine l'ombre de lui-même. Il marche en crabe. Bientôt, on punira les enfants qui n'ont pas fini leurs devoirs en les obligeant à regarder les nouveautés. Il sera utile de prévoir des écarte-paupières comme pour Malcolm McDowell dans *Orange mécanique*. C'est ainsi, le plaisir est devenu corvée. Si tu n'es pas sage, tu iras voir le dernier Ozon[1].

C'est une morne plaine. Comment en est-on arrivé là ? L'expression « cinéma français » fait office d'épouvantail. La prononce-t-on que les yeux se lèvent au plafond. Les bras tombent. De hauts cris résonnent. La colère le cède à la désolation. Le cinéma ne sert à rien. C'est une de

1. Le nom est pris au hasard.

ses nobles qualités. Certains en abusent. Polars mal ficelés, comédies pas drôles, petites romances à la con, on a droit à tout cela.

Le cinéma français s'oublie, dans tous les sens du terme. Il nous parle une langue étrangère, déborde d'humanisme, se gave d'audaces factices. Ses prestiges sont passés. Incapable de considérer le fracas du monde, il ne se souvient pas qu'il a été grand. Il ressemble à Anne Hidalgo : sectaire, revêche, sans grâce, empestant l'arrogance et la mauvaise foi. La paresse exerce des ravages. Le favoritisme règne en maître. Mélodrames bâclés, remakes malingres, biopics plâtreux, le choix est vaste. Les acteurs sont payés des fortunes : ils ne font pas une entrée (exception : Luchini).

Jadis, il était normal d'attendre d'un film quelques vertus : invention, nouveauté, poésie, enthousiasme. Ces caractéristiques tiendraient aujourd'hui du miracle. On étouffe sous des tonnes d'exercices appliqués, fort scolaires, tout à fait pesants. Ça n'est pas qu'il y ait trop de films (il n'y en a jamais trop), c'est qu'il y en a trop de mauvais, d'inutiles, de gênants. Pour punir les réalisateurs, il faudrait les obliger à passer un week-end avec un de leurs personnages. Ils verraient un peu.

Il y a quelque chose de pourri au royaume du celluloïd. Une immense tristesse s'abat sur les commentateurs les plus honnêtes. La confusion envahit les esprits. On hésite entre le ricanement et la colère, un haussement d'épaules ou un « Merde ! » retentissant. Alors merde. Merde aux Césars. Merde à l'Avance sur recettes. Merde à toutes ces chimères.

Quand même, c'est un cinéma qui a existé. Il a traversé des décennies et des décennies avec des airs de seigneur. On a l'impression d'avoir imaginé cette glorieuse période. Il n'en reste rien. Le cinéma français est un champ de ruines que presque plus personne ne visite. On n'en parle plus qu'à voix basse. Il a quelque chose de spongieux. Nous en chérissons le doux souvenir, comme un colon verse une larme sur sa plantation perdue. Il ne croit plus en lui. Le phénomène est assez rare. Pourquoi a-t-il cessé de faire tourner les têtes ? Le désir d'être une grande et belle chose lui fait défaut. Désormais, la cinéphilie débute avec *Le Grand Bleu*. À vos tubas.

Le danger a disparu. Tout est remboursé avant même la sortie. Le résultat, vous le connaissez. Il faut vraiment avoir bonne mémoire pour se souvenir que jadis le monde entier jalousait notre 7e art. Ça n'était que Renoir par-ci, Godard par-là, Melville partout.

Cinéma français : oxymore. Depuis quelques années, les termes ne vont plus ensemble. On s'inquiète de sa pâleur. Il y a des films. Beaucoup. Trop. Ils se donnent de grands airs. On n'en soupçonne guère la nécessité. On y décèle assez peu l'urgence.

Pour qui sont-ils faits ? Il n'y a plus de cinéma. Le roman français est en moins piteux état, c'est dire.

On peut user de lyrisme, emboucher les trompettes. France, ton cinéma fout le camp. Curieux pays. Jadis, les Français étaient le peuple le moins lourd qui soit. La France était faite pour qu'on la traverse au volant d'une Ford Mustang, les femmes pour envoyer à Monte-Carlo des télégrammes où elles écrivaient «Je vous aime», les hommes pour appeler Montmartre 15-40, les restaurants d'hôtel pour demander au serveur s'il reste des chambres. Macron est élu en deux temps, trois mouvements. Téchiné passe pour un classique. Tavernier a droit à des rétrospectives. La Cinémathèque continue à ignorer Pascal Thomas. Le conformisme l'aveugle tellement qu'elle préfère organiser un hommage à Brisseau que sa pusillanimité la poussera à annuler au dernier moment. Sautet, Truffaut ont fermé la boutique.

Qu'est-ce que c'était bien, pourtant.

Il fut, oui, un temps où les gens se réunissaient dans de vastes salles remplies de fauteuils en feutrine rouge. Généralement le samedi soir. Avec des esquimaux. L'endroit prenait des allures de cathédrale. Ce jour-là, il était permis de s'y rendre en famille. C'était une sorte de temple où les lumières s'éteignaient au ralenti. Le rideau s'écartait. Un doux ronronnement gagnait l'espace et un faisceau percutait l'écran. La magie démarrait. On y trouvait plus de vie que dans la vie. Dans le monde entier, des populations sacrifiaient à ce culte étrange.

Passer deux heures dans le noir, c'était remonter à la nuit des temps, éprouver des passions mérovingiennes, ressusciter l'héroïsme et la gloire. Il y avait des rumeurs de bataille, les grandes vacances, les prisons de l'amour, des adolescences qui ne veulent pas finir. Le spectacle avait le droit d'être vif, léger, sautillant.

Le cinéma, ça devrait être cela. Un homme vous conduit dans ses songes. Qu'il explore la vie et la mort, la légende ou la réalité, l'amour ou la guerre, il a vécu mille vies autres que la sienne. Il en sait plus que vous. Ce qu'il ignore, il l'invente. Le plaisir de filmer se confond alors avec le bonheur de regarder. Ce phénomène se produit de moins en moins.

Cela débute par des plans intéressants de poignée de porte. Il y a ensuite un bruit de mobylette. Le deux-roues zigzague au milieu de barres d'immeubles. Fondu au noir. L'image s'attarde sur un robinet qui goutte. Le suspense est à son comble. Dans la foulée, on voit la tête d'une femme sur un oreiller. Elle dort. La caméra se dirige vers les chiffres fluorescents du réveil posé sur la table de chevet. Il est tôt. Le réveil sonne. On entend soudain les informations à la radio. La dame bâille, étire les bras. Elle va prendre une douche. Sa silhouette nue se distingue derrière un verre dépoli. L'objectif se concentre sur la buée qui recouvre le miroir au-dessus du lavabo. C'est de l'art. Après se succèdent des plans de vélos dans un parking. Leurs pneus sont à plat. C'est du lourd. Le cinéma français assomme le spectateur à coups de massue.

Une de moins. Encore une salle de cinéma qui a fermé. Le Gaumont Ambassade n'existe plus. Il faisait l'angle de la rue du Colisée. L'endroit est devenu un magasin de chaussures. La plus belle avenue du monde regorge de fast-foods et d'enseignes pour duty free. Le samedi, on y dresse des barricades. Le spectacle est permanent.

Où est passé le Gaumont Champs-Élysées qui avait projeté *Orange mécanique* en exclusivité, avec ses fauteuils sur coussin d'air ? À la place du Paris, il y a une boutique de vêtements américains pour adolescents. Un vaporisateur diffuse du parfum sur le trottoir. Et le Colisée ?

On ne sait plus au juste s'il a cédé la place à Gap ou à Citroën. Le Biarritz a baissé le rideau. L'auteur de ces lignes se souvient d'y avoir aperçu à la première séance de *Raging Bull* Jean-Paul Belmondo. Il était tout seul, sanglé dans un trench-coat beige. Je me suis dit que son amour de la boxe n'était pas une invention. Dans une galerie, en sous-sol, trois salles démarraient leurs projections à dix heures du matin. Dans l'une d'elles, à la fin de *The Big Fix*, les lumières se sont rallumées et j'ai vu par terre dans la rangée une énorme liasse de billets de 500 francs. Bêtement, je l'ai déposée à la caisse. La Pagode, rue de Babylone, était toujours plus ou moins en travaux. C'est là qu'est sorti en son temps *Salò* de Pasolini. Des queues s'étiraient presque jusqu'au Bon Marché. En Italie, des plaisantins avaient volé les copies du film et exigé une rançon.

Ça, il n'aurait pas fallu grandir dans les années soixante-dix. Les chefs-d'œuvre pleuvaient. Cela n'arrêtait pas. Le cinéma était notre homme. Pas une semaine ne s'écoulait sans qu'un grand film envahisse les écrans. Cela donne de mauvaises habitudes. La barre était haute. Truffaut délaissait un peu Antoine Doinel. Il n'y aurait bientôt plus de baisers à voler. Rohmer était plongé dans ses contes moraux. Chabrol s'amusait, comme toujours. Il était dans sa période Stéphane Audran (mieux qu'Isabelle Huppert). Sautet était dans sa forme olympique. Le cinéma permettait à Melville d'imposer son rêve. C'était un rêve bleuté, métallique, urbain.

Des commissaires en costume à gilet étaient persuadés que les innocents n'existaient pas et la suite ne leur donnait pas tort. Des tueurs à gages déjouaient une filature en s'engouffrant dans l'immeuble du 1, rue Lord-Byron qui possède une sortie sur les Champs-Élysées, détail que n'ignore pas un Modiano. Il n'était pas interdit d'organiser un hold-up un après-midi de pluie, à Saint-Jean-de-Monts. Les night-clubs de Melville ne figuraient sur aucun annuaire. Ils s'appelaient le Simon's, le Mathey's. Les serveuses offraient une rose rouge à ceux qui allaient mourir. Delon faisait ça très bien. Les gangsters lissaient le bord de leur chapeau avant de sortir. Ces films se terminaient généralement à l'aube, du côté de l'Étoile. C'était un monde d'imperméables et de bagnoles américaines. Des hommes fuyaient dans les bois. Des fourgons de police stationnaient en rase campagne, dans la brume matinale. La parole donnée avait encore une valeur et Bourvil était dévoré par un cancer. Personne ne se doutait que Johnnie To tournerait un remake du *Samouraï* avec Johnny Hallyday en Jeff Costello.

Il y avait Michel Deville. BB n'en faisait qu'à sa tête. *Le dernier tango* était interdit aux moins de dix-huit ans. *Emmanuelle* relançait les ventes de fauteuils en rotin et favorisait l'achat de billets long-courriers. Boisset revenait sur l'affaire Ben Barka. Pascal Thomas déboulait en fanfare. Isabelle Adjani (mieux qu'Isabelle Huppert) quittait la Comédie-Française pour recevoir une gifle de Lino Ventura. Les petits chats étaient morts. Pascal Jardin adaptait Simenon pour Granier-Deferre. N'en jetez plus. Et on ne parle que des Français. À l'étranger, c'était pire. Le nouvel Hollywood prenait ses marques. Coppola tournait *Le parrain*. Burt Reynolds descendait un torrent en canoë. Liza Minnelli chantait dans un cabaret de

Berlin. De Niro conduisait un taxi dans la nuit de New York. Redford n'arrivait pas à vivre avec Barbra Streisand. Nicholson se faisait interner dans un asile psychiatrique pour échapper à la prison.

Cela représentait des souvenirs pour mille ans. On ne s'en est jamais remis. Ces images racontaient tout ce que vous aviez essayé de dire sans y arriver. Là, sur l'écran, il y avait ce que vous étiez. C'étaient de petits prodiges. Vous en sortiez avec l'envie de hurler de joie. Puis la réalité venait poser ses grosses pattes sur vous et vous vous rendiez soudain compte que vous ne coucheriez jamais avec la Romy Schneider de *César et Rosalie*. Vous auriez pourtant tout donné pour ça. Mais voilà : les écailles vous tombaient des yeux et vous compreniez que cette Rosalie n'existait pas. Au stade suivant, vous vous êtes aperçu que Romy Schneider n'était qu'une femme malheureuse qui buvait sans doute trop. Ah, la vie ! Ne nous parlez pas de ça, bitte schön. Il y a trop de quotidien dans le cinéma contemporain. Il déborde du cadre. C'est pour ça qu'il ne vaut plus grand-chose.

Au fond, il n'était pas normal d'avoir tous ces bons films. L'idéal du bonheur terrestre aurait été de pouvoir aller tout le temps au cinéma.

On cherche quelqu'un qui restituerait tout cela, qui soufflerait sur la poussière, une sorte de Viollet-le-Duc. Il n'est pas question d'être moderne. Il faut vénérer les grands anciens, ne pas toujours chercher Godard à quatorze heures. Le cinéma doit rester un objet de mystère et d'envie. Comment cet art tout neuf est-il devenu si vieux ?

Urgent : de la pudeur et de la discrétion sont réclamées. La frivolité sera la bienvenue. Ces denrées, hélas, sont en voie de disparition. Les cinéastes contemporains gaspillent l'héritage, vivent sur la bête au milieu d'un paysage dévasté, de décombres fumants.

Sur un film, aujourd'hui, personne ne risque rien. Les salaires tombent. Même le producteur est sûr de recevoir le sien. La situation est fâcheuse. Où sont les gros messieurs à cigare qui misaient ce qui leur restait de fortune à la roulette pour payer l'équipe à la fin de la semaine ? L'art avait besoin de ces figures vulgaires. Il y avait de la folie. Il y avait de la passion. Peu importe que le bailleur de fonds n'ait eu qu'une idée en tête : séduire la starlette. C'était de bonne guerre. Qu'est-ce que le cinéma, après tout, sinon se retrouver dans un lit avec de jolies filles ? C'était un monde d'escrocs et de putains. Le talent poussait au milieu de ces drôles de turpitudes. Rendez-nous le temps du whisky et des p'tites pépées.

L'opérateur n'aura pas à hypothéquer son pavillon de banlieue. L'ingénieur du son continuera à régler les études de son aînée qui est entrée à HEC. La maquilleuse offrira du champagne ce week-end à ses copines. Elles iront à Deauville pour fêter ça. Aucune d'entre elles ne pensera à la Ford Mustang de Jean-Louis Trintignant. L'acteur principal, lui, changera de Porsche. Il la garera suffisamment loin du palace où il donne ses interviews. Les saltimbanques ont des principes, de nos jours. Cette morale est embêtante.

Le mercredi, nul besoin de faire des entrées. Aux Champs-Élysées, on n'entend plus le claquement des strapontins dans le noir. Les ouvreuses n'éclairent plus les allées avec leur lampe de poche.

Elles n'ont plus leur panier d'osier qui émettait un grincement si caractéristique quand elles marchaient. Dans le hall, on vend des pop-corn. Pendant l'entracte, les bandes-annonces sont toutes les mêmes. *Pariscope* a cessé sa parution. Il n'y a plus moyen de cocher les films au feutre noir, de souligner l'horaire des séances. La poésie s'est envolée avec AlloCiné et ses déluges de commentaires.

Et voilà pourquoi notre cinéma est si pépère. Son règne est fini. Il ressemble de plus en plus à de la télévision. Il est devenu accessoire, décoratif, un passe-temps qui n'a rien de sportif (James Salter est prié de ne pas s'offusquer). Ses anciens exploits sont connus. Nous le regardons s'éloigner au ralenti, comme Lucky Luke à la dernière page de ses albums ou Charlot de dos sur la route. À ce rythme, il va disparaître pour de bon. Il restera un temps dans quelques mémoires, et puis adios. Nos enfants ne voudront plus croire à nos souvenirs.

Comment les professionnels se débrouillent-ils pour prévoir le destin d'un film dès la première séance ? Il paraît qu'une salle des Halles sert de baromètre infaillible. À midi, on est fixé. Le soir, au Fouquet's, on célébrera ça. Ou alors, on se contentera de gros rouge dans les bureaux de la production. Les mines seront chagrines. On fera mieux la prochaine fois. Goûtez-moi ce petit sancerre.

SOS. Cinéma français cherche talent désespérément. Alerte à toutes les patrouilles. La mobilisation générale est décrétée. Inspectez les classes de la Fémis. Fouillez dans les salles de l'ESRA. Scrutez les rangs de la Cinémathèque.

La province n'existe plus. Les cinéastes la boudent. Ils sortent tous de la Fémis. C'est peut-être pour ça qu'ils préfèrent la banlieue.

Chabrol étudiait le droit. Truffaut avait déserté. Godard était suisse. Leur aîné Rohmer les couvait d'un œil bienveillant. Sa date de naissance ne l'empêchait pas de voyager. *La collectionneuse* se passait sur la Côte d'Azur. Dans *Ma nuit chez Maud*, les personnages habitaient Clermont-Ferrand. Ils discutaient de Pascal pendant des heures. Françoise Fabian aguichait le timoré Jean-Louis Trintignant. Marie-Christine Barrault circulait à Solex dans les rues enneigées. Tous ces gens allaient à la messe. Pas de province sans dimanche matin à l'église.

La Creuse servait de décor au *Beau Serge*. *Que la bête meure*, c'était en Bretagne. Où avaient été tournées *Les noces rouges* ? Le fait divers avait eu lieu à Bourganeuf.

Godard avait du mal à quitter les Champs-Élysées et la rue Campagne-Première. Il poussait une petite pointe du côté de Porquerolles avec *Pierrot le Fou*, descendait encore plus au sud dans *Le mépris*. Rome, Capri, ce Genevois ne détestait pas voir ces tampons sur son passeport. Son pays natal, il y était revenu pour *Le petit soldat*.

Truffaut s'exila à Montpellier pour *L'homme qui aimait les femmes*. *La femme d'à côté*, c'était Grenoble. Malgré son noir et blanc, *Vivement dimanche* se situait dans le Var.

Pascal Thomas filmait des lycéens du Poitou. Leur acné juvénile ne les gênait pas pour rêver de lointaines, d'inaccessibles

Suédoises. Bernard Menez, qui jouait les Parisiens avec ses blazers et ses foulards, arrivait au volant d'une décapotable rouge. Les maris emmenaient les femmes et leurs amants sur l'île de Ré. C'était l'été. La blondeur des baby-sitters échauffait les esprits masculins. Mais bon, les vacances ça ne compte pas. Ce sont des parenthèses imaginaires. La vraie vie se cache dans des départements qui ont la forme de betterave ou de mouton à cinq pattes.

Les enfants reviennent de l'école en courant, leur cartable sur le dos. Leurs chaussettes tire-bouchonnent sur leurs mollets. C'est le goûter. De longues cuillères plongent dans les bocaux de confiture. Hop, hop, hop. Il ne faut pas traîner. Il y a les devoirs. Des rideaux se soulèvent. Ça n'est pas pour rien que *Le souffle au cœur* se déroulait à Dijon. La cure, elle, c'était à La Roche-Guyon. Les garçons pratiquaient le scoutisme et le rugby (chez Louis Malle, le tout jeune Benoît Ferreux s'exerçait à un sport plus extrême). Les filles s'inscrivaient à des cours de danse. Dans les lycées, les classes n'étaient pas mixtes.

Il faut dire que la province n'est plus ce qu'elle était. Elle copie beaucoup trop Paris. Elle a tort. Il y a les mêmes boutiques. Les marques de vêtements les plus étrangères sont disponibles dans les campagnes reculées. Les rues sont piétonnières. C'est tout juste si les habitants ne réclament pas Anne Hidalgo à la mairie. Les restaurants affichent des tarifs dignes de la capitale. Des horodateurs poussent sur les trottoirs. D'horribles hypermarchés défigurent les alentours. Que sont devenus les magasins à l'ancienne, avec leur clochette qui sonnait quand on ouvrait la porte ? On ne réclame pas le retour des vendeurs en blouse grise qui arrivaient de l'arrière-salle en traînant les pieds, un bout de crayon sur l'oreille. Mais bon.

Heureusement, il reste les ronds-points. Ah, les ronds-points ! Sans eux, pas de France profonde. À Paris, le seul rond-point répertorié n'en est pas un : le bas des Champs-Élysées est une place toute bête. Elle est ronde, comme aurait dit Félicien Marceau au début d'un de ses romans.

Où sont les notables ? les députés à DS 21 ?

Le TGV a effacé les différences. En deux heures, on est partout. Cela nuit au dépaysement. L'exotisme hexagonal réclame un temps d'adaptation. Il a besoin de wagons-restaurants, de longues plages de détente, de serveurs en veste blanche proposant des mignonnettes.

Les nouvelles plaques minéralogiques interdisent de savoir l'origine du conducteur. Avant, on était tout de suite fixé.

Il n'y a plus de seconds rôles. Ils occupent le haut de l'affiche. Cette nouveauté a des conséquences.

Elles sont fâcheuses. Il n'y a même plus de Marlène Jobert. Où sont passées les jeunes policières qui montraient leurs jambes, roulaient en Mini bleue, lisaient Proust en livre de poche ? Elles escortaient un Lino Ventura qui mettait quatre sucres dans son café, qui faisait des tours de magie et qui se douchait avec son imperméable après avoir été tabassé par des voyous. Dans un monde parfait, la vie serait bercée par des musiques de François de Roubaix. On n'achèterait que des hauts de pyjama et on vendrait la baignoire de Louis XIV.

Un pays où Isabelle Huppert est considérée comme la plus grande actrice est un pays qui va mal. On voit par là que l'endurance est toujours récompensée. On en veut un peu à Isabelle Adjani d'avoir plus ou moins abandonné la partie. C'est malin. À force de se cacher, elle a laissé le champ libre à sa rivale. Au départ, pourtant, rien n'était joué. Adjani avait tout pour elle, la grâce, le physique, une souplesse de chat sauvage. La valeureuse Huppert jouait les manucures. Elle boudait dans un coin de l'écran, avec ses taches de rousseur et ses joues rondes. Adjani traînait tous les cœurs après elle. Pendant ce temps, l'efficace Huppert maigrissait. À cinquante ans, elle se crut sensuelle. Par la suite, elle ne cessa de rajeunir. Drôle d'idée pour cette petite dame pincée qui trottine d'une démarche furibarde parce qu'on ne lui a pas laissé assez de pourboire. Elle est sexy comme une biscotte. Le mystère n'allait pas avec son visage poupin. C'est une brave petite employée. Était-elle esthéticienne dans *La dentellière* ? Shampooineuse ? Elle a tort de croire les articles que la presse féminine lui consacre. Ces lectures lui ont déformé l'esprit. Elle aurait mieux fait de remarquer qu'aucune marque de cosmétiques n'a fait d'elle son égérie (et pourtant, quand on voit ce qu'elles choisissent, on se dit que ça n'est pas Hollywood à boire). Sa boulimie de pellicule contraste avec son gabarit tout en rétention. On la met à toutes les sauces. C'est comme si elle voulait à tout prix effacer la modestie de ses débuts. Elle est devenue call-girl, Bovary, sœur Brontë, prof de philo, Marguerite Gautier, photographe de guerre. On dirait que par contrat ses partenaires sont désormais obligés de lui adresser un compliment sur son physique. Derniers en date : Benoît Poelvoorde dans *Blanche comme neige* (« Vous avez la beauté d'une madone italienne ») et Greg Kinnear dans *Frankie* : « Vous êtes encore mieux en vrai. » Normalement, elle devrait incarner la Française moyenne, mais des scénaristes à la légèreté coupable imaginent des hommes qui se damnent pour elle. Le résultat ne s'est pas fait attendre. Elle s'est embaumée de son vivant. Elle se fige dans une posture de déesse. Elle fait sa Bardot. Ça ne lui va pas. On espère qu'elle a sa statue au musée Grévin. Elle n'était pas elle. Elle était Dietrich, Garbo, Marilyn. Adjani, au moins, nous évita ce numéro. Elle resta cette éternelle demoiselle boudeuse, énigmatique.

Au début de *Elle*, l'impavide Huppert se fait violer à domicile par un individu cagoulé. Elle pousse de petits cris. Sous la table, le chat miaule. Son affaire conclue, l'agresseur disparaît comme il était venu. Réaction de la victime : elle décroche son téléphone pour commander des sushis. Les émotions, ça creuse. Depuis, on regarde d'une autre façon les clientes des restaurants japonais.

L'ardente Isabelle a repris le rôle de Jeanne Moreau dans *Eva*. Sourires dans la salle. Dans une scène au restaurant, elle vérifie son maquillage dans une lame de couteau. Adjani faisait déjà ça dans *Barocco*. Elle imitait en cela la Marlene d'*Agent X 27*, mais là, c'était avec un sabre avant d'être exécutée.

Isabelle Huppert rajeunit de film en film. Aux dernières nouvelles, elle jouera dans un remake de *Jeux interdits*. Brigitte Fossey n'a qu'à bien se tenir. Son rêve doit être d'incarner le fœtus à la fin de *2001, l'Odyssée de l'espace*.

C'est un problème. On nous vend de nouvelles Romy Schneider, des Delon d'un jour. Quand ils ont sous la main une actrice digne de ce nom, les réalisateurs la massacrent. Dans *L'amant double*, François Ozon coupe les cheveux de Marine Vacth, le plus beau visage de femme que le cinéma nous ait donné depuis Romy Schneider justement. C'est une erreur. Orson Welles avait agi ainsi avec Rita Hayworth (pire : il l'avait décolorée en blond), mais on peut soupçonner que c'était une subtile vengeance d'ancien mari. Ce vil sentiment ne saurait être attribué à un garçon gentil comme Ozon. Les gentils garçons aiment jouer les pervers. Les premiers de la classe rêvent d'être des cancres. Ozon, bon gars plutôt futé, aurait pu sortir d'HEC. On ne l'imagine pas marchant sur les mains pour convaincre une comédienne d'accepter un rôle, comme l'avait fait Godard avec Bardot. *Le mépris* ne dit rien à BB ? Ni une ni deux, il se met à l'envers, avance la tête en bas : elle dit oui. À quoi tiennent les chefs-d'œuvre.

C'est l'ennui, le terrible ennui avec les metteurs en scène d'aujourd'hui. Ils n'ont jamais l'air de blaguer. Au mieux, ce sont des profs. Au pire, de bons élèves. Ils font cinéma comme on fait médecine. Les diplômes ne sont pas exigés. Alors il suffit de montrer dès la première image l'intérieur d'un vagin. Quelle audace ! Quel voyage fantastique ! On dirait un touriste découvrant un pays exotique. Marine Vacth a-t-elle eu une doublure pour la scène ? Évidemment, au début, on ne comprend pas de quoi il s'agit. La caméra s'éloigne lentement et le suspense se dissipe. S'ensuit un gros plan sur un œil. Georges Bataille, nous voilà ! Comme quoi, un réalisateur peut être à la fois coiffeur pour dames et gynécologue. Le tout est de ne pas confondre ses instruments. Qu'il soit permis de rappeler ici que Blier allait plus loin sans se donner d'airs. Dans *Calmos*, ses personnages masculins pataugeaient dans une intimité féminine de taille XXL. L'un fut accusé de misogynie, l'autre vanté pour sa capacité à diriger les dames. Encore une coloscopie, docteur Ozon ?

Un jour, dans une file d'attente, une spectatrice a lancé à son voisin, à propos d'une célèbre comédienne : « Une Telle !

Mais elle ressemble à une monitrice d'auto-école ! » Tout était dit.

Certes, il y a Deneuve. On la regarde et on voit Truffaut (vivant), Polanski (en forme). On oublie Demy et Cherbourg, Rochefort et les parapluies. Elle soulève son pull dans une décapotable garée au bord de la route, court en chemise de nuit sur la jetée d'une île perdue au milieu du Pacifique, se laisse traiter de petite connasse par un intellectuel survolté, écoute deux hommes différents lui dire la même phrase : « C'est une joie et une souffrance. » Dans son frigo, il y a un lapin écorché. Les gâteaux, elle les cuit en chantant. Elle pourrait sortir d'un roman de Louise de Vilmorin. C'est une grande Française. Elle continue à fumer. Elle a une façon bien à elle de souffrir sans faire de grimaces.

Les actrices, hein, c'était quelque chose. L'imparfait s'impose. Mireille Darc pétillait, débitait du Audiard avec son petit nez, ses taches de rousseur, ses jambes en baguettes. L'air de rien était ce qui la définissait le mieux.

La robe, évidemment. Elle était longue, noire, très sérieusement échancrée dans le dos. C'est ce dernier détail qui frappait. L'idée était d'elle. Dans *Le grand blond avec une chaussure noire*, on ne voit qu'elle : cette chute de reins et le morceau d'étoffe signé Guy Laroche. Pierre Richard, dans son smoking de violoniste maladroit, n'en est toujours pas revenu. Tout cela appartient à l'Histoire. La mythique tenue repose désormais au musée du Louvre. Mireille Darc faisait partie du paysage français. Elle aurait été une Marianne épatante. Son buste aurait mis de la gaieté dans les mairies. Elle rimait avec les dimanches soir à la télévision, les comédies comme plus personne ne sait en réaliser, l'élégance qui allait de soi. Cette grande bringue blonde venait de Toulon. À vingt ans, monter à Paris lui semble une évidence. C'est de bonne guerre. Les petits rôles se succèdent. Elle apparaît dans *Pouic-Pouic*. On la voit dans *Des pissenlits par la racine*. Elle ne fait rien comme les autres. En pleine nouvelle vague, elle tourne avec Lautner. Cela s'appelle aller à contre-courant. Dans *Ne nous fâchons pas*, elle est l'épouse de Jean Lefebvre. Elle a même été quelque part la maîtresse de Louis de Funès. Cela n'est pas donné à tout le monde. Dans *Galia*, elle porte des jeans et dort en tee-shirt. L'héroïne n'a pas attendu le MLF pour vivre comme bon lui semblait. « La grande sauterelle » traverse le cinéma français au pas de course, avec sa bouche curieuse, son regard mutin, sa façon de se retourner en souriant avant de quitter une pièce. Son physique l'identifiait au premier coup d'œil. Elle était à la fois intimidante et proche. Elle parlait le Audiard comme sa langue maternelle. Gabin l'appelait « la Môme ». Cela valait mille Césars. C'était la fille jolie et marrante, la copine affriolante qui glissait entre les doigts des hommes. Dans *Fantasia chez les ploucs*, elle fait un strip-tease. Dans *Les seins de glace*, elle est folle et brandit un rasoir face à un Claude Brasseur qui n'en mène pas large. Dans *Le téléphone rose*, Pierre Mondy, P-DG toulousain, tombe amoureux d'elle sans deviner qu'il s'agit d'une call-girl. Mireille Darc ne craignait pas grand-chose : elle joue dans *Week-end* de Godard alors qu'elle incarne tout ce que le cinéaste déteste. Il lui en faut davantage pour l'empêcher de dormir. C'est un brave petit soldat. Elle a vécu quinze ans avec Alain Delon, l'a accompagné dans ses tourments, a mis pour lui sa carrière entre parenthèses. Le couple en jetait. En mai 68, son geste le plus politique consista à laisser sa Rolls au garage. Des générations entières connaissent ses succès par cœur. Savent-elles qu'elle figure au générique des *Durs à cuire*, de *La blonde de Pékin* ou de *Zarabanda bing bing*? Elle a enregistré des 45 tours, chanté avec Michel Sardou. Sa beauté n'était pas un vain mot. Elle avait quelque chose de pétillant, d'insoumis, de singulier. Sa figure lisse, son petit nez en prise de courant la signalaient. Irresponsable et romanesque, elle se dandinait en tenue légère. À l'écran, elle se dévêtait le plus simplement du monde, riait en renversant la tête en arrière et en secouant les cheveux. Cette rigolote de service avait des gestes nets et pas assez de poitrine. Elle semblait avoir la vie chevillée au corps. Longtemps, elle résista aux médecins. La maladie, elle la chassait du bout du pied. En 1980, le professeur Cabrol l'opéra à cœur ouvert (le sien l'était tout le temps). Elle réchappa en 1983 à un terrible accident de voiture. Elle se livrait peu, avait l'air de se ficher de tout. Ce masque abritait sans doute une fêlure. Pour pleurer, la petite fille du Var se cachait derrière une humeur apparemment égale. On la demandait moins au cinéma ? Il y avait tellement d'autres choses intéressantes à faire. Mireille Darc réalisa *La barbare* d'après Katherine Pancol, des documentaires sur les greffes d'organes, rédigea son autobiographie sous un titre qui lui allait bien, *Tant que battra mon cœur*. Avec le feuilleton *Les cœurs brûlés*, elle revint en haut de l'affiche. Elle ne vieillissait pas, gardait sa silhouette androgyne, conservait son casque de blondeur. Elle remonta sur les planches pour *Sur la route de Madison*, aux côtés d'Alain Delon. Pour se distraire, elle exposait ses photos. Elle était facétieuse, attachante, indémodable. Grâce à elle, on comprit enfin que le cinéma avait été inventé pour séduire des chefs d'entreprise en faillite ou pour faire rougir des musiciens timides. Maintenant, les barbouzes sont en deuil. Quelque part, une robe noire de chez Laroche pend sur son cintre, toute seule, abandonnée.

Avec ses jambes d'un kilomètre, Joanna Shimkus grimaçait, se tirait les coins de la bouche avec les doigts. Il n'y avait qu'elle pour s'enfoncer dans la mer, comme au ralenti, superbe cadavre dans un scaphandrier. Marthe Keller entrait en minijupe avec le plateau du petit déjeuner dans la chambre de Philippe Noiret. Et Romy Schneider. Le chignon de Romy Schneider. Cette nuque, la vache !

C'est maintenant Karin Viard, Catherine Frot. Eva Green a filé à l'étranger. Quand elle revient en France, c'est pour figurer au générique d'un mauvais film de Polanski, qui n'en est pas avare.

Il y avait ces drôles de filles, comme Christine Pascal ou Dominique Laffin. Elles étaient craintives, pas vraiment jolies. On sentait en elles une sorte de blessure. Elles avaient quelque chose de fragile, d'ingrat. Elles ne seraient jamais des premiers rôles et elles avaient l'air de s'en douter. Elles se montraient chez Sautet, chez Tavernier, puis un jour on apprenait qu'elles étaient mortes.

Il n'y a même plus ça. Celles qui leur ont succédé disparaissent sans laisser de traces. Des noms ? Il suffit de piocher : Marie Gillain, Mélanie Doutey, Élodie Bouchez, Virginie Ledoyen. Généralement, elles ne tardent pas à enlever leur petite culotte avec la prestesse d'une gymnaste des anciens pays de l'Est. Sylvie Testud n'a été bonne qu'en Sagan. Elle s'est crue obligée de commettre des romans et de passer derrière la caméra, activités qui ne lui étaient visiblement pas destinées.

Dans *Tenue de soirée*, Miou-Miou prend des baffes. Depardieu montre son zizi. À ses débuts, il faisait ça tout le temps. Aujourd'hui, il a tellement grossi qu'il n'a jamais l'air d'être nu. Dans *Buffet froid*, la mort a les traits de Carole Bouquet. Cela donne envie de passer l'arme à gauche.

Et France Dougnac ? Et Anicée Alvina ? On dit qu'elles sont mortes, elles aussi. Ce sont nos petites oubliées.

Les acteurs, pas mieux. On nous a servi jusqu'à plus soif des Cornillac, des Berléand. On ne voyait qu'eux. On n'en pouvait plus. Soudain, ils se sont évanouis. Des Melvil Poupaud leur succédèrent. Romain Duris est toujours là (en progrès). On nous propose des Swann Arlaud. Dès qu'un petit nouveau apparaît, on le tord comme une serpillière. Y a-t-il actuellement un film sans Vincent Lacoste, qui, dans le Christophe Honoré, avait l'air tellement gêné à l'idée de ce que ses parents allaient penser de certaines scènes ? Ce sort est injuste. Normalement, les acteurs avaient été créés pour faire trois tonneaux sous le tunnel de Saint-Cloud, comme Delon dans les années cinquante. Tout cela semble appartenir à une époque pharaonique.

C'est l'hiver. Au secours, les Césars reviennent ! Préparez vos smokings. Les actrices sont bien à plaindre. Il suffit de voir comment elles sont fagotées. Sur scène, le maître de cérémonie rame. Le ministre de la Culture pique du nez. Il a toujours peur d'être hué. Dans les discours, la bonne conscience coule à flots. Il est question d'avortement, de chômage, de migrants. On soupire sur le malheur des femmes. La démagogie se hausse du col. Saltimbanques peut-être, histrions sans doute – citoyens d'abord. Quelle barbe ! Les acteurs ne jouent plus : ils pensent. Le mal est profond. Ils signent des pétitions, ont sans cesse les mots « sans-papiers » à la bouche, confondent la salle Pleyel avec la Mutualité. Ils hurlent de douleur muette.

Des réunions s'improvisent. On grimpe à la tribune. Des slogans sont lancés en un brouhaha d'étudiants. Leurs messages sont profonds. Ils résonnent dans un vide abyssal. Déjà, des désaccords s'élèvent. Ils parlent, ils parlent. On se croirait dans un de leurs films violemment concernés. Ils se découvrent extrêmement engagés, avec un ravissement dont ils ne se lassent pas. Ils ne se sont même pas aperçus qu'il n'y avait plus de sales bourgeois, que les médecins de province ne collectionnaient plus les volumes de « La Pléiade ». Quand on pense que les policiers, ces désastreux fonctionnaires, ne songent pas une seconde à leur taper dessus !

Que de bruit pour rien. Mais qu'est-ce que vous attendez pour aller boire du champagne en magnum, griller les feux en voiture de sport, sauter sur les starlettes ? Ils voudraient nous apitoyer sur la misère du monde : ils ne s'intéressent qu'à leur meilleur profil. Ils ne rêvent que de donner leur nom à un plat sur la carte du Fouquet's. Ils ont plus des têtes à faire la queue pour toucher leur allocation-chômage entre deux tournages qu'à miser leur cachet à la roulette un soir de saoulerie à Deauville. L'absence de fous, d'escrocs, d'infréquentables se fait cruellement sentir. Ces gens n'existent que pour être jetés à la fosse commune, écrasés par une Alfa Romeo sur une plage d'Ostie. Ces saines traditions se sont perdues. Mathieu Amalric, en déplacement, envoie une lettre où il fustige les multiplexes. Pendant ce temps-là, ce vertueux jeune homme tourne le dernier James Bond au Panama. Vanessa Paradis bafouille, se trompe dans le nom des lauréats. Jeanne Balibar emploie des mots trop grands pour elle. Emmanuelle Béart s'enferme dans une église avec des clandestins. Depuis, on n'a plus de nouvelles d'elle. Est-elle partie dans un ashram ? Aide-t-elle les chiffonniers du Caire[1] ?

Isabelle Adjani récite un extrait des *Versets sataniques*. Simone Signoret titube. Claude Berri se casse la figure dans l'escalier. Bernard Blier, hagard, amaigri, ne sait pas où il est. Il meurt quelque

---

1. D'après nos espions, elle consacrerait la majeure partie de son emploi du temps à se déshabiller sur la scène de théâtres plus ou moins périphériques.

temps après. Ce ne sont pas des manières. Godard invente « les professionnels de la profession ». La formule fit florès. Elle ne veut strictement rien dire. Annie Girardot, la gorge serrée, les lèvres tordues en anneau de Moebius, se demande pourquoi le milieu l'a oubliée. Oui, pourquoi m'avez-vous tous laissée tomber, hein ? On ne l'arrête plus. Gêne dans les travées. À intervalles réguliers, une standing ovation permet de se dégourdir les jambes. Claude Lelouch porte des baskets. Oh, monsieur Lelouch, pas vous, pas ça ! Au moment des résultats, le réalisateur de l'émission braque sa caméra sur les perdants. Le grand jeu consiste à se moquer d'Alain Delon. Le jour où il sera dans la salle, on verra s'ils continuent à faire les malins. Jean-Paul Belmondo n'y a jamais mis les pieds. Idem pour Jean-Pierre Marielle. « Je ne suis pas un acteur de tombola. »

Les invités étrangers ne comprennent rien. Ils se demandent un peu ce qui se passe. Sean Penn a du mal à garder les yeux ouverts. Kevin Costner retient un bâillement. Michael Douglas a son sourire crispé. Édouard Baer poursuit Sigourney

Weaver. Les nécrologies plombent la soirée, déjà assez bancale. Sur l'écran apparaissent des visages qui ne disent absolument rien à personne. On est peu de chose. Parfois, les intermittents du spectacle pointent leur museau. Cela met de l'ambiance. Problème : leurs discours sont encore plus confus et ennuyeux que les remerciements officiels. Depuis le début, pas la moindre récompense pour Bardot. Cela mesure l'ampleur de la catastrophe. Les Césars ne servent à rien. C'est à ça qu'on les reconnaît.

L'année prochaine, pourtant, nous serons encore devant notre poste, à râler, à aller au frigo toutes les cinq minutes. Maso, avec ça.

Il est certes utile, il est sans doute louable de décerner des médailles, de distribuer des palmes d'or. Il faudrait aussi créer le prix du spectateur. On néglige trop cet aventureux contemporain. Il est aujourd'hui beaucoup plus difficile d'aimer un film que d'en tourner un. Ces efforts méritent une récompense. Regardez-le, le malheureux. Il est bien à plaindre. Pensez donc, il a digéré Rivette, Doillon, Jacquot, Ozon (l'avenir effacera ces noms qui brillent sur les manchettes des suppléments hebdomadaires). Des journalistes inconséquents l'ont envoyé aux plaisanteries salaces de Catherine Breillat. Il en est ressorti avec des complexes. Le spectacle de Rocco Siffredi dans le plus simple appareil l'a rendu tout chose. Il a fini par croire que l'ennui n'était pas un défaut. Il se sent bien seul. Il a l'impression que les autres ne vont jamais au cinéma. Ce constat est justifié. Ses amis ne se déplacent que pour de braves rigolades où les acteurs s'exhibent en maillot de bain fluorescent, conduisent des G7 marseillais. Il s'est aperçu que les films français étaient faits pour être oubliés la semaine suivante. Dépité, il fait parfois preuve d'un tempérament enfantin. Il a le droit. Fatigué par les conseils des *Cahiers*, qui ont chaque mercredi un génie à se mettre sous la dent, il se précipite aux *Tuche 3*. Le moyen de le blâmer ?

Cette génération a une fâcheuse tendance à insister sur le côté emmerdant. Quelque chose a été détruit au royaume du 7e art. Comme ces réalisateurs sont compassés, hésitants, maladroits. Ce sont des cérébraux. Ils se tiennent le front entre les mains. Comme ils souffrent ! On ne se doute pas du mal qu'ils se donnent. Évidemment : ils ne sont pas faits pour ça. Tous ces efforts les laissent exsangues au moment du tournage. Ils sont laborieux, honnêtes, méritants. Avec ça, assez ramenards. L'humilité n'est pas leur fort. Ces esprits embrouillés, ces auteurs sans style sont pleins de bonnes intentions. Ils croient à l'art. Donc, ils collent leur œil au viseur, agitent les bras. Cela occupe. Les filles les regardent enfin. On devine que leur adolescence n'a pas toujours été rose. Dans la cour du lycée, ils en ont bavé. Dans les interviews, ils citent de grands aînés. Cela ne les dérange pas. Bergman, Bresson sont convoqués à la barre. Objection, votre honneur. Désolé, mais Claire Denis ou Assayas n'ont pas réalisé leur *Cris et chuchotements*, leur *Au hasard Balthazar*. Leurs films ressemblent à des appartements témoins. Bien propres, habités par personne. S'y agitent d'inoffensives marionnettes. Ces gens se perdent en fumeuses divagations. Ils accumulent les scènes inutiles, multiplient les dialogues qui écorchent l'oreille.

Leur caméra traîne les pieds. Leurs films se font sous cloche, à l'abri. Cela sent le faux, la naphtaline, le second degré. Les protagonistes sont sous respiration artificielle. À qui leur cinéma est-il destiné ? Aux étudiants de la Fémis, aux nigauds de l'ESRA, ces écoles qui cherchent Murnau de 5 à 7. On n'y entend guère l'époque résonner. Nulle personnalité ne s'y révèle. Quelle conception de la vie a le monsieur derrière le moniteur ? La mort du cinéma ? Il ne faut pas leur en parler. Comment ça ? Où est-il, ce cadavre ? Ils n'en croient pas un mot puisque, perclus de subventions, ils n'arrêtent pas de tourner. Ils auraient tort de s'en priver. C'est un vain passe-temps. Ils reçoivent des Césars, des Delluc. Ils se prennent pour des rebelles. Ils sont inoffensifs. Cela sent les bancs d'école. Ils n'ont rien appris de la vie et ne savent toujours pas ce qu'est le cinéma. L'insignifiance est la règle. Le milieu est peuplé de tristes sires. Le système les cajole. D'augustes mensuels leur tressent des couronnes. Des adjectifs insensés parsèment les colonnes. Le favoritisme règne en maître. Ils ne tournent pas pour un public. Ils pensent à l'article qu'ils auront dans *Libération*. Je peux déjà vous l'écrire. Le crédit qu'on leur accorde semble suspect. Le cinéma les accapare trop pour qu'ils fassent de bons films. Ils se répètent jusqu'à l'épuisement. Une absence de malice presque embarrassante s'affiche sur l'écran.

Il faut avoir le cœur bien accroché. L'érotisme coule à flots. Il est triste. Ah, l'audace de Kechiche, le Lelouch classé X. Le grand mérite de *La vie d'Adèle* aura été de populariser le mot « tribadisme ». Il aurait été dommage de mourir idiot. Les parties de jambes en l'air produisent d'intéressants bruits d'évier. Y a-t-il un plombier dans la salle ? Quant à Léa Seydoux, elle mérite une bonne fessée. *Mektoub My Love : Intermezzo* enfonce le clou. Longue séance de cunnilingus dans les toilettes. On est prié de laisser ce film dans l'état où on aurait aimé le trouver en entrant.

L'ondinisme est pour bientôt. Prévoir des cirés avant d'acheter son ticket.

Leur but devrait être de mettre le cinéma à feu et à sang. Mais non, ils rêvent d'avoir la couverture des *Inrocks*. Ce sont de grands sensibles, des écorchés vifs. On les égratigne – oh, trois fois rien –, aussitôt ils poussent des cris d'orfraie. Il ne faut pas compter sur eux pour nous dévoiler de grands pans mystérieux d'un monde inconnu. Tout cela ne semble pas fait pour durer. Sous nos yeux, l'art déguerpit des écrans sans demander son reste. Nous assistons, impuissants, à cette désertion. Grosses comédies, drames psychologiques raplaplas, polars verbeux, voilà le programme.

Si l'on nous demandait de dresser la liste des dix meilleurs films français de l'année, nous serions bien embêtés. Il est difficile de s'orienter dans ce brouillard. On tâtonne. On hésite.

Où sont passés les Jacques Perrin, les Trintignant, les Belmondo ? Ils étaient tellement bons qu'ils tournaient en Italie. Cinecittà les réclamait. Le noir et blanc leur allait bien au teint. Delon n'était pas en reste. Il était tentant de serrer dans ses bras Claudia Cardinale ou Monica Vitti.

Fellini nous piquait Anouk Aimée. Jeanne Moreau n'en finissait plus de se séparer de Marcello Mastroianni.

Dans les rues avoisinant la piazza Navona, des Romains rigolards sifflaient ces petites Françaises. Ils se dévissaient la tête sur leur Vespa.

Pauvre cinéma. Il n'est qu'un poisson mort, un colin froid.

On nous présente des brouillons. On nous inflige des pensums. Dans *Amour*, l'intrigue pourrait se résumer ainsi : un octogénaire essaie d'attraper un pigeon qui est entré dans l'appartement. Ses efforts étant vains, il préfère tuer sa femme. Avant d'être étouffée sous un oreiller, Emmanuelle Riva ouvre des yeux encore plus étonnés que d'habitude. C'est l'horreur. Le pigeon continue à trottiner avec arrogance sur le parquet.

Le découragement gagne du terrain. L'envie est tenace de revenir à la littérature. C'est un exil doré. Le temps ne passe plus. Aujourd'hui n'existe pas. Quel repos.

Les films se périment. Il ne faudrait pas les revoir. Les livres ne bougent pas. Dans la plupart des cas, les bons sont impossibles à adapter. John le Carré n'a pas tort : « Avoir son roman transformé en film, c'est comme voir ses bœufs transformés en bouillon Kub. » Il y a des exceptions.

Louis Malle a réussi *Le feu follet*. Le noir et blanc y était pour beaucoup. Maurice Ronet ne l'a pas peu aidé. Il est difficile d'oublier la scène où il se remet à boire à la terrasse du Flore. Ses amis viennent de partir. Il observe les passantes. Les femmes étaient encore magiquement belles sur les trottoirs du boulevard Saint-Germain qui était à double sens. Une brune superbe sort d'un taxi. On ne la reverra plus. Alain Leroy regarde les verres devant lui. Il y en a un qui a l'air de contenir quelque chose comme du cognac. Il hésite, le considère avec un mélange de désir et d'inquiétude. Oui ? Non ? Petit coup d'œil à droite, petit coup d'œil à gauche. Hop, une première gorgée, ni vu ni connu. Puis il le vide d'un trait. Il penche la tête en arrière d'un mouvement infiniment las. C'est fini. Alain a replongé. À la table voisine, un petit vieux chipe une poignée de pailles. Alain Leroy n'en a plus pour longtemps.

Ronet se lève, s'éloigne d'un pas flou, titube à peine dans son costume en tweed. Le compte à rebours a démarré.

Tout Ronet est là-dedans, dans cette séquence qui parle d'une époque où le cinéma pouvait faire semblant d'être un art. Le voici, avec sa mine froissée, ses yeux un peu liquides qui ont vu disparaître trop d'illusions, sa cravate dont le nœud ne va pas tarder à se défaire. Combien de bouteilles fallait-il avoir vidé pour jouer cette scène ? À combien de maîtresses avait-il dû mentir ?

Paris est un jeu de l'oie. Alain effectue sa tournée des adieux. Dans sa chambre, à Versailles, un revolver l'attend, enveloppé dans un foulard Hermès. Un dîner place des Vosges retarde l'échéance. Alexandra Stewart porte un tailleur Chanel et des boucles d'oreilles. Ronet est un invité calamiteux. Il s'en va en disant un au revoir assez vague. Le piano d'Erik Satie est parfait. Les images traduisent le ton sec, restituent les phrases courtes de Drieu la Rochelle. On sait que, chaque matin, Philippe Collin allait récupérer l'acteur chez Castel pour l'amener sur le plateau. Quelle santé ! Il y a même eu un moment où Ronet n'arrêtait pas une minute. La nuit, il tournait *Le puits et le pendule* devant la caméra d'Alexandre Astruc. Des rats lui couraient dessus. Le jour, il rejoignait l'équipe de Louis Malle. Des mondains lui dévoraient le cœur.

Il aimait la vie ; elle ne lui suffisait pas. Alors, il filmait des iguanes au bout du monde, adaptait Melville, accompagnait Dominique de Roux dans un périple au Mozambique, assistait à la messe en l'honneur de Robert Le Vigan. À l'écran, il mourait presque à chaque fois, souvent sans attendre la dernière bobine. Il faisait ça très bien. La réalité fut une scénariste paresseuse. Une chute à moto : les médecins détectent un problème plus embêtant que les côtes cassées. Le cancer du poumon ne traîne pas. Maurice Ronet s'épargnera la corvée de vieillir. Les Césars n'eurent pas le temps de lui rendre hommage. Il l'a échappé belle. À son enterrement, Alain Delon était en larmes. À Bonnieux, sa maison était à côté du cimetière. Quand il fera beau, nous irons voir sa tombe et nous repenserons à ce guéridon du Flore, sur la droite, où plus personne ne devrait avoir le droit de s'asseoir.

Quittons la rive gauche pour la côte ouest de l'Irlande. *Le taxi mauve* ne démérite pas. Ah, Charlotte Rampling lançant « Surprise, surprise ! » à Philippe Noiret. La réplique n'est même pas dans le livre.

Filmer les mots des autres est toute une gymnastique. Quand les auteurs s'en chargent eux-mêmes, la catastrophe est souvent au rendez-vous. Corriger sa prose avec une caméra est un exercice délicat. Tout le monde n'est pas Guitry. Tout le monde n'arrive pas à la cheville de Pagnol. Frédéric Beigbeder a redonné du rose aux joues de son roman *L'amour dure trois ans*. Gaspard Proust lui sert d'alter ego. C'est un choix judicieux. Dans *Podium*, Yann Moix s'en tire avec les honneurs de la guerre. Quelqu'un qui cite une séquence de *Domicile conjugal* n'est pas à jeter tout de suite à la poubelle. Ces brefs exemples masquent une forêt d'échecs.

Houellebecq se prend les pieds dans *La possibilité d'une île*. À un moment, on l'aperçoit en chair et en os. Il tombe de sa chaise. Il est permis d'y suspecter un symbole. Romain Gary se plante dans les grandes largeurs. Heureusement pour lui, *Les oiseaux vont mourir au Pérou* reste introuvable (que des versions salopées sur YouTube). Bernard-Henri Lévy n'a pas eu cette chance. Certes, *Le jour et la nuit* n'est pas tiré d'un de ses romans. Dans son genre, il s'agit d'un chef-d'œuvre. On se demande pourquoi Lévy n'a pas pensé à le novéliser. Dans les bonus, sobrement baptisés « Autopsie d'un massacre », on le voit, droit dans ses bottes, défendre pied à pied son long-métrage. Durant la conférence de presse au Festival de Berlin, il ne se démonte pas. La salle ricane. Le réalisateur n'en démord pas. Le geste a de l'allure. Dans *Comédie*, il reviendra sur l'affaire. Sa position n'aura pas changé.

Nous n'avons pas de Sorrentino, avec ses images tapageuses, sa rapidité, sa façon de frôler la vulgarité sans jamais y tomber qui est celle d'un équilibriste. Qui sont nos Noah Baumbach ? Paul Thomas Anderson, on n'en parle même pas. On cherche en vain l'équivalent de Wes Anderson. De quoi avons-nous l'air ?

Un garçon de 2019 qui veut séduire une jeune fille l'emmènera-t-il pour le premier rendez-vous voir un film français ? Rien n'est moins sûr.

Il y a les critiques. On les plaint. Ce sont des adolescents attardés en tee-shirt froissé. Ils trimbalent avec eux des serviettes en skaï qu'on leur a données dans des festivals. Leur métier n'est pas de tout repos. La critique est suiveuse. Ses bêlements accompagnent la sortie d'œuvres banales, prévisibles. S'enthousiasmer pour des fadaises ne l'a jamais effrayée. Quelle chance elle a ! Elle découvre un chef-d'œuvre par semaine. Elle a ses chouchous. Dolan est sa trouvaille, son génie. Jadis, ça n'était guère mieux. On ne l'écoute pas ? Très bien, la critique, toujours nigaude, monte sur ses grands chevaux. En 1982, elle lance un appel solennel pour que les gens aillent voir *Une chambre en ville* plutôt que *L'as des as* sorti la même semaine. Le manifeste – bah voyons – compare l'objet de sa sollicitude à *La règle du jeu* et à *Lola Montès*. Que croyez-vous qu'il arriva ? Rien. Le public continua à se précipiter aux dernières aventures de Belmondo. Dominique Sanda grelotta toute seule, nue sous son manteau de fourrure, dans une rue de Nantes envahie d'ouvriers en grève. Tout le monde sait aujourd'hui que le film de Jacques Demy était encore plus mauvais que celui de Gérard Oury. À l'époque, le pauvre Demy devait se couvrir la tête de cendres. Il n'avait rien demandé.

L'art n'a pas besoin de ces adjudants. Demy oui, Oury non ! Qu'est-ce que cela veut dire ? Le cinéma ne se confond pas avec des devoirs de vacances. Rompez. Ça leur manquait, hein, à tous, de ne plus signer de pétitions. La guerre d'Algérie était loin. Ils ne pouvaient plus, les chéris, soutenir le FLN. Ils n'avaient même pas réussi à rassembler 121 signatures. La honte. Leur geste équivalait à ignorer qu'un film se choisit comme une femme (merci à Lelouch et à sa *Bonne année*) : en prenant des risques. Ces journalistes ressemblent à des mères maquerelles qui diraient aux clients : « Vous, vous coucherez avec celle-ci. Pour vous, ça sera celle-là. » Le client remonte sa braguette. Non merci.

N'empêche, le critique est un saint[1]. Il perd sa vie à observer celle des autres.

1. Ne pas confondre avec le cinéphile. Le cinéphile s'installe au premier rang. Il veut être englouti par l'image, se baigner dans la pellicule. Il étend ses jambes devant lui, essuie ses lunettes (le cinéphile a des lunettes). Il ne prend jamais de vacances. Les films sont ses rayons de soleil. Cela explique sa mine de papier mâché.

Le critique court sans arrêt. Il attribue des étoiles, participe à des tables rondes, donne son avis dans des émissions de radio tardives. On l'aperçoit dans les rues adjacentes aux Champs-Élysées. Il se nourrit de sandwiches qu'il avale debout sur le trottoir. Son médecin lui enjoint de ne pas traiter son corps comme une poubelle. Il a un teint de ver solitaire, s'habille avec ces tee-shirts qu'on lui remet lors de projections de blockbusters. Des super-héros ornent son poitrail.

Le critique n'écoute rien. Il se gratte le crâne. S'il devait voir tous les films, ses semaines n'y suffiraient pas. Il aurait dû être critique littéraire, tiens. Est-ce que ses confrères de la rubrique Livres s'épuisent à lire tous les volumes qui paraissent ? Pourquoi s'infligerait-il alors les quinze films minimum qui jouent des coudes chaque mercredi dans les pages Programmes ?

De temps en temps, une angoisse le taraude. Le public a-t-il vraiment besoin de lui pour découvrir telle ou telle nouveauté ? À quoi servent tous ces adjectifs élogieux ? À qui ces formules ronflantes sont-elles destinées ? Ah ça, il jubile quand ses éloges ornent les colonnes Morris. Ces douces épithètes lui réchauffent le cœur, «Sublime», «Subtil et beau», «Envoûtant». Toujours des grands mots. Sur quelle planète ces gens-là vivent-ils ?

Le critique défend une cause perdue. Prôner la beauté est voué à l'échec. Ces sortilèges appartiennent à un siècle enfoui. Il n'y a plus de destins aux couleurs imprévisibles. Les faits divers ont remplacé les contes de fées. Le cinéma a été le refuge du grandiose, un pourvoyeur de frissons métaphysiques. Il ne fournit plus que des rires enregistrés.

À force de voir de mauvais films, le critique est devenu d'une indulgence coupable. Son œil caresse avec douceur le dernier Téchiné. Quelle beauté ! Cette audace. Ce cher André n'a pas l'âge de ses artères. Sa sensibilité à fleur de peau crève l'écran. Personne n'avait aussi bien parlé des amours adolescentes. Sa pudeur, mais oui sa pudeur, on n'insiste pas assez sur la pudeur de ce metteur en scène. Le voilà lyrique.

Il a usé jadis ses fonds de culotte sur les sièges de la Cinémathèque (la seule, celle de Chaillot, avec sa vieille salle voûtée, ses briques, dont Truffaut avait filmé l'entrée au début de *Baisers volés* et où rôda longtemps le fantôme de Langlois – les plus âgés évoquent même l'avenue de Messine. Et Ulm ? Il y a eu, oui, une cinémathèque rue d'Ulm), a consacré des après-midi entiers à s'enfermer dans des salles d'art et d'essai au Quartier latin. Il gambadait du Studio des Ursulines au Saint-André-des-Arts, quittait le Racine pour s'engouffrer au Quintette. C'était il y a des siècles. À Paris, les cinémas sont devenus des magasins Picard. Dans le meilleur des cas, les films ont un goût de réchauffé.

Par la suite, il a accumulé les articles, s'est abîmé les yeux devant des niaiseries, a cru bon de pousser des cris devant des nouveautés qui n'en valaient pas la peine. Parfois, ses confrères l'agaçaient. La barbe avec leur « grammaire cinématographique » !

Chaque mercredi, il soupire. Tous ces films à l'affiche. Cette bousculade a quelque chose d'inhumain. Il se rend aux projections privées en maugréant. Au début de sa carrière, ce privilège – voir les films avant tout le monde – lui paraissait exorbitant. Maintenant, il se rend à l'abattoir. Pour justifier son salaire, il feint des enthousiasmes qui ne sont plus de son âge. Les lumières se rallument. Il se précipite sur son ordinateur. Il faut faire vite. Il n'a que quelques lignes, un entrefilet, pour tirer le lecteur par la manche. Sur Internet, de petits crétins lui taillent des croupières. Ces jeunots expriment leur opinion en moins de 140 signes. Ils mettent des étoiles ou des grimaces dans tous les coins. Cette déloyale concurrence accable notre homme. Il ne mange pas de ce pain-là. C'est un professionnel. Il a la collection complète de *Positif*. Il écoute France Culture jusqu'à point d'heure. Ses textes, c'est autre chose. Il raconte vaguement l'histoire, en prenant garde de ne pas dévoiler la fin. Il se gargarise d'expressions savantes, ne jure que par « la profondeur de champ », cite André Bazin (surtout, que les correcteurs du journal ne confondent pas avec Hervé !). Sa cervelle est encombrée d'informations inutiles. Il sait que Christopher Isherwood a écrit le scénario du *Cher disparu*, que Gore Vidal apparaît dans *Fellini Roma* et *Bienvenue à Gattaca*, que Martin Amis enfant a joué dans *Cyclone à la Jamaïque* et que, comme il était en train de muer, on a été obligé de le doubler par une vieille dame.

Oui, le critique est bien malheureux. Il est né trop tard. Il constate enfin qu'aucune actrice n'a jamais épousé un critique de cinéma. Certains petits soirs, il se souvient que Marilyn Monroe s'était mariée avec Arthur Miller. Il a soudain envie de se mettre à une pièce de théâtre, tiens. Cette rêverie ne dure pas. Il a un feuillet à rendre sur la reprise de *Lola* au Champo.

Il arrive au critique de s'endormir. L'obscurité est propice à de lents engourdissements. Il fait ça en expert. Il s'agit de ne pas être remarqué par ses voisins. Une réputation se perd vite. Alors il ferme les yeux en douce, deux ou trois secondes, tâche de se raccrocher aux dialogues. L'imprudent : le sommeil gagne. Surtout, éviter les ronflements. L'essentiel est que la tête reste stable. Il ne faut pas qu'elle bascule. Les projections en 3D constituent une aubaine. Les lunettes préservent une intimité bienvenue. Derrière les verres fumés, les paupières se baissent impunément. La valeur du film n'est pas en cause. Une nuit agitée, un repas trop arrosé, et le danger est grand de piquer du nez.

Lorsqu'il se réveille, le critique respire un bon coup. Il ne comprend plus rien. Face à lui, ces personnages lui disent vaguement quelque chose. Ils s'agitent dans une intrigue plutôt opaque. Leur passé est trouble, leurs motivations confuses. Le critique se demande comment il va réussir à écrire son article. Il lui faut vraiment se creuser la tête pour trouver quelque chose à dire sur un film français. Il brodera, s'attardera sur un détail, décrira une scène avec minutie, se penchera sur la musique. Ce vieux routier a tout un tas de trucs à sa disposition. Il n'est pas mauvais d'entretenir un certain flou artistique. Quand il est en panne d'inspiration, il rédige une lettre au cinéaste («Cher Philippe Garrel…»), se lance dans un abécédaire où il a toujours du mal à remplir les lettres Z et W. Parfois, en de très rares occasions, le critique juge un film qu'il n'a pas vu. Personne ne s'aperçoit de rien. C'est vexant. Par instants, la tentation le saisit de baisser les bras. Pourquoi ne dit-il pas tout simplement : «Allez-y» ou «Surtout pas»? À force, les gens pourraient lui faire confiance, le croire sur parole. Mais non, il ronronne, s'enchante de lui-même, se roule avec délices dans ses paragraphes. Il n'a pas de mauvaises intentions. Il n'ignore pas qu'il a acquis des tics, qu'il est au garde-à-vous devant Resnais et Akerman. Au fond, il n'est qu'un humble serviteur du talent. Il n'y a pas de mal à ça.

Où avait-il la tête ? Il s'imaginait toujours qu'une fois les lumières éteintes il allait tomber sur un chef-d'œuvre immarcescible.

S'il s'écoutait, il relirait Proust, il terminerait le roman qu'il a commencé il y a des siècles. À la place, il tient son journal :

« Jean-François m'a téléphoné. Il est à Cannes. Il se plaint de son hôtel. Dans la chambre voisine, des Russes font la fête toute la nuit. Il ne mange que des paninis pendant quinze jours. L'éminente Isabelle Huppert a été primée. La palme est allée à une histoire de lesbiennes banlieusardes. Tout va bien. »

« Sors du Hazanavicius. Louis Garrel de mieux en mieux. C'est embêtant. On ne va plus pouvoir en dire de mal. Le métier se perd.»

«Vu le dernier Bonello. Rentré me coucher directement.»

«Quel est le nom, déjà, de cet acteur si terriblement mauvais qui joue le couturier dans *Falbalas* ?»

«Si j'avais le temps, je me lancerais dans une comparaison fouillée des scènes de musée dans *L'amant double* et dans *The Square*. Le temps, c'est ce qui manque le plus.»

«Essayé de revoir *India Song*. Il n'est pas possible d'aller au-delà du moment où Lonsdale apparaît au bord d'un étang. Cette voix off souffreteuse, ces "oui" chuchotés à la fin de chaque phrase : au secours. Le consul de France à Lahore se passera de nous. Il n'y a que la musique.»

«Lu le dossier Francesco Rosi dans *Positif*. Penser à demander à Michel Ciment pourquoi *L'affaire Mattei* est introuvable en DVD. Des histoires de mafia, paraît-il. À vérifier. »

« Choses à faire avant de mourir :

– Revoir, bien des années après, la femme de sa vie devant un grand hôtel new-yorkais et ne pouvoir lui dire que : "Tu n'abandonnes jamais, hein ?"

– Dormir une nuit dans la villa Malaparte à Capri et se débrouiller pour quitter la personne qui vous accompagne parce qu'il faut bien que parfois la vie imite le cinéma.

– Oser demander un autographe à Marthe Keller la prochaine fois qu'on l'aperçoit dans la rue, du côté du Palais-Bourbon. »

« Le journal m'envoie au Festival d'Angoulême : ils m'auront tout fait. Il n'y a que des films français. Mamma mia ! Les attachées de presse me poursuivent pour que j'interviewe Mathilde Seigner. Je me cache. Alexandra Lamy signe des autographes. Dominique Besnehard a changé de couleur de cheveux. La journaliste du *JDD* a négocié une exclusivité avec Thomas Langmann. Fanny Ardant incarne un transsexuel. Elle fait ça avec une maladresse touchante. Vivement dimanche (on est seulement vendredi). Et pendant ce temps, ce petit salaud de Jean-François est à Deauville. Il y a eu une avant-première de la suite de *Blade Runner*. Il dîne à côté de Jessica Chastain et recueille les propos de Whit Stillman. »

« Croisé Philippe Garrel boulevard Saint-Germain. Changé de trottoir. Eu trop peur qu'il ne m'invite à visionner les rushes de son prochain film. »

« Il y a un mystère que je ne m'explique pas. Jusqu'à *1900*, Bernardo Bertolucci n'a tourné que des bons films. Après, ils sont tous mauvais. Le même phénomène s'est produit avec Roman Polanski après *Chinatown*. À un moment, les cinéastes ont les jarrets coupés. Ils continuent à avancer sur leur erre. Autre chose. Point commun entre Bertrand Tavernier et Jean-Jacques Annaud : leurs meilleurs films sont leurs deux premiers. Voir et revoir *L'horloger de Saint-Paul* et *La victoire en chantant*, *Que la fête commence* et *Coup de tête*. »

«Le film de Campillo triomphe au box-office. Qui osera dire que *Tout l'argent du monde* est mieux fait que *120 battements par minute*? Bref pincement de jalousie en entendant Jérôme Garcin au *Masque et la Plume* citer la lettre d'un auditeur qui rebaptise le film *120 bâillements par minute*. Si les gens normaux ont plus de talent que nous, maintenant ! »

« Mea culpa. Jamais compris ce qu'était un film "séminal". Ne sais pas ce que veut dire "malaisant". Ne comptez pas sur moi pour chercher "l'enjeu" d'un long-métrage. Je me fiche de "la profondeur de champ". Je laisse ça à mes confrères. Aucune solidarité. C'est du propre. »

« Connaissez-vous Lamballe? Vous l'avez forcément lu. Chaque semaine, il pratique la critique pot-au-feu. Lamballe aime tout. Les gros budgets ne l'effraient pas. C'est un patriote. Le cinéma français a sa préférence. Est-ce sa faute si le public a les mêmes goûts que lui ? De mémoire de chroniqueur, personne ne l'a jamais entendu dire du mal d'un film. Dans la moindre œuvrette, il décèle un charme, tombe sur du talent. Des esprits tordus assurent qu'il rédige des dossiers de presse sous un faux nom, qu'il envoie aux producteurs ses articles avant parution en soulignant au stabilo les passages – ils sont nombreux – susceptibles d'être repris dans les placards publicitaires. Rencontrer des réalisateurs lui fait battre le cœur. Avec les acteurs, il frôle l'infarctus. Ses questions sont des torrents de miel. Il en tutoie certains. Sa mère, restée au Havre, n'en revient pas de cette réussite. Le mensonge n'est pas son genre : il a bien le numéro personnel de Brigitte Bardot. Il envoie à la recluse de La Madrague des selfies de son chat qu'il a baptisé Léon en hommage à Luc Besson. Quand il dit Catherine, Juliette, Sandrine, il s'agit de Deneuve, de Binoche, de Kiberlain. Dans sa bouche, cependant, le prénom Isabelle sera toujours accompagné de Huppert ou d'Adjani, ce qui est prudent, car il n'ignore pas qu'il serait malséant de confondre ces deux-là. Les drames, ouh là là ! Il signe des biographies très autorisées où l'on n'apprend rien. Celle qu'il a consacrée à la divine Huppert est une honte. Cela lui permet d'être invité sur les radios privées. Les animateurs, qui ne font guère de différence entre France Roche et Frison-Roche, se délectent de ses commentaires positifs et avisés. Lamballe déteste détester. Olivier Baroux lui a proposé de jouer son propre rôle dans sa prochaine comédie. Le critique a tout de suite accepté. Il en rougit encore. Parfois, tard le soir, il repense à ses vingt ans, lorsqu'il s'imaginait devenir le Jean-Louis Bory de sa génération. Il paraît que, jadis, Lamballe a été jeune. À part lui, nul ne s'en souvient. »

« Mea culpa bis. *Le carrosse d'or* me tombe des yeux. Jamais pu voir *Les enfants du paradis* en entier. Frédérick Lemaître, mes fesses. Si mes patrons apprenaient ça, ils me vireraient dans la minute. »

« Mort de Jeanne Moreau et de Sam Shepard. La nécro de la première était prête. Il a fallu que j'enterre l'ex-mari de Jessica Lange. C'est toujours sur moi que ça tombe. Tous les autres étaient en vacances. Pourquoi n'ai-je pas pu rappeler cette séquence du *Feu follet* où derrière une vitre elle dit à Maurice Ronet : “T’as l’air d’un cadavre”, mimique à l’appui ? Elle faisait la course sur un pont qui domine les voies ferrées et, avant l’arrivée, la fumée d’une locomotive envahissait l’écran. Je me souviens d’avoir appris la mort de Mastroianni en sortant de *Lost Highway*. Sale journée. »

« Qui croire ? Jean-Pierre Melville qui disait : “Connaissez-vous quelque chose de plus exaltant que le cinéma ?” ou Mike Nichols pour qui “Vouloir faire de l’art au cinéma, c’est comme jouer Bach à l’harmonica” ? William Friedkin est plus pessimiste : “Quand vous prenez votre première leçon de tennis, votre carrière est finie.” L’exemple est typiquement californien, mais il dit ce qu’il veut dire. En France, les réalisateurs qui commencent à avoir du succès s’achètent une Ferrari, vont en week-end à Deauville. La belle affaire. »

« Relu *Le Rouge et le Noir*. On sait que Stendhal aimait les épinards, mais on n’ignore pas non plus que, dans ses films, Sautet ne détestait pas la pluie. Une fois qu'on a dit ça, nous voilà bien avancés. Il pleut aussi chez Simenon. Est-ce ce climat frileux, ces épaules rentrées, ces imperméables au col relevé qui ont tant séduit Granier-Deferre et Pascal Jardin, les meilleurs adaptateurs du bonhomme ? Granier-Deferre, on en aurait un en ce moment, on bondirait de joie. Pourquoi son *Paris au mois d'août* était-il introuvable ? Quant au roman de René Fallet, il serait difficile à publier aujourd'hui. Les passages sur la faune de Saint-Germain-des-Prés sont gratinés. »

« *Lawrence d'Arabie* à la télévision. David Lean aimait le cinéma, les Rolls et les femmes. On n'en fait plus des comme ça. »

« Statistiquement, le critique a beaucoup plus de chances que le reste de la population de mourir en regardant un film. D'où l'intérêt de choisir ses projections avec soin. Personnellement, je n'aurais pas voulu passer l'arme à gauche devant *Vénus noire* ou *Les amants réguliers*. La médaille d'or revient à Boris Vian qui s'est éteint face à *J'irai cracher sur vos tombes*, tiré d'un de ses romans. On l'a retrouvé inanimé dans son fauteuil du Colisée. Classe. »

« Il est grand temps que je fasse à mon tour un film. Ça n'est pas sorcier. J'ai suffisamment encensé de mauvaises actrices : elles accepteront volontiers de se produire devant ma caméra. Tout est prêt. J'ai le script : un jeune drogué refile le sida à sa petite amie qui hésite entre se suicider et entrer au couvent. Romain Duris est pressenti. Melvil Poupaud se démène en coulisses. L'avance sur recettes est dans la poche. Je vois déjà mon nom sur l'affiche. Le cinéma n'aurait pas supporté plus longtemps que je n'ajoute pas ma pierre à l'édifice. Avec les relations que j'ai dans le milieu, la presse sera bonne. Les entrées, j'en fais mon affaire. »

J'ai appris à lire avec les énigmes du Club des Cinq, les récits de Jules Verne, les aventures de Bob Morane (Henri Vernes avec un *s*). J'ai appris à conduire en parcourant les petites routes sinueuses du Lot, comme on en voit au début de *Lacombe Lucien* (film infaisable aujourd'hui), où Pierre Blaise, s'apercevant que son vélo a crevé, pousse un « Et merde ! » d'anthologie avec l'accent du Midi. J'ai appris à aimer en regardant Joanna Shimkus dans *Les aventuriers*, Jane Birkin dans *La piscine*, Claude Jade dans *Baisers volés*, Zouzou dans *L'amour l'après-midi*, Françoise Fabian dans *La bonne année*. Ce n'étaient pas les meilleures façons de mettre les pieds dans la vie. Problème : ces goûts ne m'ont pas quitté. Comment, dans ces conditions, s'intéresser à des histoires où des types courent après Nathalie Baye ou Karin Viard, perdent la tête pour Juliette Binoche ou l'intrépide Isabelle Huppert (cela commence à bien faire : cette dame est désormais priée de ne plus s'introduire dans ces lignes) ? Mission impossible.

De profundis le cinéma français. On ne peut même plus lui accoler le doux, le beau nom de divertissement. Il était un art forain, il s'est transformé en cours du soir. On y bâille ferme. La distraction est bannie. Rigolos s'abstenir. Oui, on sait, l'ennui n'est pas un critère. Ces bâillements ont quelque chose de réactionnaire. Un silence de plomb s'abat sur un public tétanisé qui n'ose pas quitter la salle. On lui a dit que ces œuvres étaient importantes, profondes, vertueuses. Quelle plaie.

Peut-être ne vous souvenez-vous pas des années soixante-dix ? La France n'était pas encore en mille morceaux. Pompidou fumait des cigarettes qui pendaient à 45 degrés de ses lèvres gourmandes. C'était un président qui avait signé une excellente anthologie de la poésie (la préface en jetait). À la télévision, les émissions étaient en direct. Maurice Clavel quittait le plateau de l'une d'elles en s'exclamant « Messieurs les censeurs, bonsoir ! ». C'était Bonaparte au pont d'Arcole. Après, Bonaparte alla manger des huîtres à La Coupole. Il y avait Jean-Edern Hallier sur la banquette. Une photo en témoigne. Elle fit le tour des rédactions. Mai 68 n'était pas si loin. Georges Marchais était une grande vedette. On rigolait, mais on sentait bien que, s'il avait été au pouvoir, des têtes auraient été coupées. Les ouvriers de Lip se mettaient en grève. On parlait d'autogestion : cela consistait à vendre les stocks de montres. Les multiplexes n'existaient pas. On ne jurait que par l'art et essai. Paris regorgeait de salles de cinéma. Il y en avait davantage que de bistrots. En province, les films sortaient avec un décalage de quelques mois. Ils étaient en version doublée. Qu'est-ce qui était le plus mythique, le pardessus de Brando dans *Le dernier tango* ou celui de Delon dans *Le professeur* (les deux sont en poil de chameau) ? Dans *La veuve Couderc*, Delon avait une moustache. Cela ne lui allait pas tellement. On aurait dit un acteur italien. Il paraît que celle qu'il portait dans *Le cercle rouge* était postiche. Derrière sa machine à écrire, Belmondo inventait sa vie. Jacqueline Bisset habitait au-dessus. Cela fournissait l'inspiration. Philippe de Broca, après avoir expédié Françoise Dorléac à Rio (« Rio ! Rio ? »), filmait les jeux de l'amour, le hasard et ses méandres. Ce programme lui convenait. Piccoli s'oubliait sur la terrasse d'un pavillon de banlieue. Le menu du chef Ferreri était un brin indigeste (à sauver, la BO de Philippe Sarde). Ensuite, il tourna un western dans le trou des Halles, quand il y avait encore des Halles au cœur de Paris. C'était n'importe quoi. C'était bien.

Ingrid Thulin introduisait un morceau de verre dans son intimité et se barbouillait le visage de son sang. Dans *La maman et la putain*, il était beaucoup question de Tampax. Audiard n'était pas à la mode. Jean-Louis Bory le démolissait dans *Le Nouvel Observateur*. Au *Masque et la Plume*, ses disputes avec Georges Charensol étaient épiques. Évidemment, c'est Charensol qui avait raison. Ça, on ne s'en rendait pas compte. Entre deux adaptations de Simenon, Pascal Jardin publiait ses Mémoires enjoués. Pierre Granier-Deferre, le plus injustement sous-estimé des metteurs en scène, était à la manœuvre. Dans un wagon de marchandises, Romy Schneider séduit un Jean-Louis Trintignant timide et déboussolé par l'exode. Il en perd ses lunettes et son latin. Elle a une robe noire et les cheveux tirés en arrière. Son bas a filé. Elle s'humecte un doigt et le passe sur la déchirure. Trintignant a vu le geste. Il est fichu. « C'est mal parti pour vous, monsieur Maroyeur. » Yves Boisset n'avait pas traîné pour évoquer la guerre d'Algérie. Les appelés font des pompes dans le djebel. « C'est la vie de château. Pourvu que ça dure. » Dans

Le juge Fayard, les initiales SAC sont remplacées par un bip. Dans *Un taxi mauve*, Charlotte Rampling montre ses seins à Philippe Noiret. Il en lâche son cigare. C'était une bonne période : dans *Le vieux fusil*, assis à une table de La Closerie des Lilas, il déclare soudain à Romy Schneider «Je vous aime». Elle lui répond qu'il est fou. Elle soulève sa voilette et trempe ses lèvres dans une coupe de champagne. Lacombe Lucien prononçait «Police allemande» avec un solide accent du Sud-Ouest. Louis Malle organisa une projection à l'ABC de Cahors. Dans la salle, personne ne rit à la réplique. Le film avait été tourné dans les parages. Les lycéens s'intéressaient surtout à Aurore Clément. Il y avait aussi Zouzou dans *L'amour l'après-midi*, Dominique Sanda dans *Le conformiste*, Isabelle Adjani dans *La gifle*, Jane Birkin dans *Le mouton enragé*. Maria Schneider, nul ne savait exactement quoi en penser. Sa poitrine, certes, était impressionnante.

On découvrait un cinéaste tous les jours. Ils nous en faisaient voir de toutes les couleurs. Les chefs-d'œuvre se succédaient en rafale. Le rythme était épuisant. Cela n'arrêtait pas. Les révélations déboulaient des pays les plus hypothétiques. Miklós Jancsó nous jetait son *Psaume rouge* à la figure et nous cherchions l'emplacement de la Hongrie sur la carte.

La France n'était pas ridicule. De nobles messieurs en col roulé renonçaient subitement à basculer dans l'infidélité. Chez Rohmer, l'honneur tient au choix d'un pull. Avec un cardigan, Bernard Verley aurait succombé à Zouzou. Chabrol était marié à Stéphane Audran, qui jouait les garces BCBG, les voluptueuses en twin-set, les tentatrices en tailleur Chanel. Les actrices, oui, étaient des créatures assez perfectionnées. Des bouchers du Sud-Ouest en pinçaient pour l'institutrice du village. Belmondo sautait sur Laura Antonelli. Des notables roulaient en DS 21, portaient de sombres pardessus, proféraient des opinions majoritaires. Ils étaient médecins, avocats. Tout le monde les poussait à se présenter aux prochaines élections législatives. Très vite, leurs portraits sur des affiches couvraient les murs de la ville. Ils serraient des mains sur les marchés. Dans les meetings, le public posait des questions incisives. Ils avaient réponse à tout. Il était encore permis d'être gaulliste. À la maison, la bonne proclamait « Madame est servie ». On était chez Flaubert. On était chez Balzac.

C'était la douce époque où l'on parlait de « jeune cinéma ». L'appellation concernait des bluettes touchantes et bancales, qui n'avaient pour la plupart pas de suite. Il existait même, à Hyères, un festival du Jeune Cinéma (noter les majuscules : défense de rire). Duras était souvent invitée (on ne rit toujours pas). Il y avait aussi Chantal Akerman. De quoi fuir la Côte d'Azur. Ou alors se rendre aux Hot d'or qui se déroulaient dans les parages et qui sont morts de leur belle mort. Certes, le cinéma est un plaisir solitaire. Il y a cependant des limites.

Les mêmes films sortent partout. Il n'y a plus de fossé entre la rive droite et la rive gauche, les Champs-Élysées et le Quartier latin. Les Boulevards sont aussi snobs que Saint-Germain-des-Prés. Les multiplexes dévorent les nouveautés avec l'avidité d'un diplômé de Sup de Co. Boris Vian déplorait que certaines personnes aillent au cinéma pour faire leur marché, se gaver d'esquimaux et de confiseries à l'entracte. Qu'est-ce qu'il dirait maintenant ? Brouettes de pop-corn, seaux de Coca-Cola, glaces format rabelaisien, les kilos sont garantis avec la séance.

Le cinéma français est devenu un vieux dégoûtant. Il déborde de scènes qui se veulent choquantes. La sodomie s'impose. Il y a chez lui quelque chose d'humide. Il est impératif que les ébats émettent de sauvages bruits de tuyauterie. Cela nuit à la poésie, mais ajoute au réalisme, qui n'en demandait pas tant (mais qu'est-ce que le réalisme a à voir avec le cinéma ?). Les baisers sont sonores. Des filets de bave pendouillent entre les lèvres des amants. S'embrasser exige le silence. Un peu de litote serait souhaité.

Dans les livres, les scènes d'amour sont souvent ratées, alternant vocabulaire clinique et métaphores fleuries. « La suite est connue. » Noir sur blanc, la formule suffit. À l'écran, l'équivalent n'existe pas.

Bertolucci innova en introduisant dans l'affaire une plaquette de beurre frais. Demi-sel ou pas ? Le scénario du *Dernier tango à Paris* ne précisait pas ce détail.

Aujourd'hui, avec la hausse du prix du lait, la scène coûterait une fortune. Pas question de multiplier les prises.

Dans *La dernière femme*, Depardieu se coupait le sexe avec un couteau électrique. L'épisode poussa certains à détourner le slogan : « Moulinex libère (vraiment) la femme. » On notera au passage que cet ustensile ménager a disparu des cuisines.

Chemin faisant, le cinéma a découvert la banlieue. Ce fut un choc. Il s'y plaît. Depuis *La haine*, la périphérie a la cote. Cela permet aux acteurs de dire tout le temps des gros mots, de s'exprimer en une bouillie indigeste. Les racailles se transformèrent en héros. Le rap devint mélodie pure. Il ne s'agit plus de filmer de modestes pavillons où des couples se déchirent sous l'œil impavide du chat, de planter ses caméras dans une casse, d'envoyer un représentant de commerce se frapper le crâne contre le capot de sa voiture au milieu d'un terrain vague. Cela se passe dans des caves, des barres d'immeubles, des couloirs garnis d'inscriptions à la bombe, de louches parkings. Les hommes ont des capuches et les filles se font traiter de putes. L'argent constitue le principal sujet de conversation. La drogue circule. Les rivalités éclatent. On roule en BMW ou en Mercedes Benz, ce qui n'arrange pas la balance commerciale. Chez les caïds en jogging, les Renault sont à proscrire. Être aperçu au volant d'une Peugeot, la honte !

Cela discutaille à n'en plus finir, à grand renfort de borborygmes. Les ouïes les moins fines auront remarqué que les films français souffrent généralement d'un problème de son. Les comédiens, même quand ils n'habitent pas le 9.3, n'articulent pas. On tend l'oreille : une phrase sur deux est incompréhensible. Cela nuit à l'intrigue. Le micro est-il mal placé ? Écoutons ce gai gazouillis.

Cannes, on le sait peut-être, est un nom de bataille. Jadis, Hannibal y écrasait les Romains. La tradition est maintenue. Aujourd'hui, il y a des morts. À la fin du Festival, la Croisette est jonchée d'étranges cadavres. Des réalisateurs ne s'en relèvent pas. Cannes, Cannes, depuis janvier tout le monde n'a que ce mot à la bouche. Le téléphone de Thierry Frémaux croule sous les messages. On dit qu'il fait la pluie et le beau temps. Bien malin qui réussira à prévoir ses décisions. Son habileté n'est plus à prouver. Aux candidats impatients, il oppose un diplomatique : «J'aime beaucoup votre film, mais mon comité n'est pas d'accord.» On s'étripe dès la sélection. Pourquoi lui et pas moi ? Certains menacent. D'autres pleurnichent. Ils sont au bord de la faillite. Leur femme a un cancer. L'actrice principale risque de se suicider. Chez Max, son restaurant préféré, Frémaux reprend une portion de frites. Ces jérémiades l'enchantent. Il ne déteste pas se faire des ennemis. Ce sont des fâcheries qui durent à peine quelques mois. Le temps passe vite, sur la planète Cinéma.

Ah, Cannes ! Quand il pleut, on ne parle que de météo. Rue d'Antibes, des Noirs vendent des parapluies télescopiques qui se démantibulent au premier coup de vent. Les anciens poussent de longs soupirs. Ça n'est plus ça. La Plage sportive a fermé. Les starlettes ne se dénudent plus sur le sable. Cannes était cet endroit où les poètes portaient un smoking. On ne reverra plus Cocteau au bras du tout jeune Jean-Pierre Léaud. Ils ont détruit le vieux Palais. Le bunker qui lui a succédé est déjà trop petit. Sur les marches, des crétins prennent des selfies. À cause des attentats, des snipers sont postés sur le toit des hôtels. Lars von Trier rate la palme à cause de son humour national-socialiste. À Cannes, les nazis dorment à bord de camping-cars dans le jardin de l'Eden-Roc, nid d'aigle cinq étoiles. Netflix bouscule les habitudes de la compétition.

Certains envisagent des solutions extrêmes. Ils n'hésiteraient pas à se débarrasser purement et simplement de ce patient hagard qu'est le cinéma. Considérez avec quelle jubilation ces petits futés évoquent les séries télé. Ah, ces gorges chaudes ! Chaque compliment correspond à une pelletée de terre. La situation est telle qu'on se contenterait presque de films qui se laissent voir. Il n'y a même plus ça.

Quand même, c'était quelque chose. Coppola relisait Conrad et rivalisait avec Griffith. De Niro se rasait à l'iroquoise. Andréa Ferréol posait ses fesses dans une pâte à tarte. La recette de ce dessert ne figure dans aucun livre de cuisine. Sur scène, Pialat levait le poing, son trophée dans l'autre main. Sophie Marceau montrait un sein. Qui n'a pas découvert *E.T.* un matin de mai 1982 ignore ce qu'était la douceur de vivre. Dans le noir, nos cœurs brûlaient autant que celui de la créature.

Ils ont lâché prise. On a un peu de mal à le leur pardonner. Il y a un âge où le nitrate d'argent commence à avoir un goût amer. Jean-François Stévenin a jeté le gant. Il en a marre. Trop de fatigue, du désenchantement à la tonne. La France avait son Cassavetes. Le secret est bien gardé. Alors il faut revoir ses trois films. Ils ne vieillissent pas. *Passe-montagne* est dédié « aux Indiens », *Double messieurs* à Jean-Pierre Rassam. Le ton est donné.

Dans *Mischka*, Johnny Hallyday pisse au milieu d'un champ. Le vrai Johnny. C'est une France qui ne ressemble à aucune autre, un Jura qui n'appartient qu'à l'auteur. Chez lui, on appelle le 15 à Saint-Gilles-Croix-de-Vie. On lit *Charmante soirée* en Série noire. Une fugueuse a les cheveux rouges. Les Mercedes sont faites pour tomber en panne sur des aires d'autoroute. Au bal, on danse sur « Smoke on the Water ». De terribles orages éclatent.

L'alcool coule à flots. Les nuits ne veulent pas finir. Carole Bouquet, au bord de la crise de nerfs, apparaît dans son manteau de fourrure. Deux zigotos la kidnappent. Ils prétendent être des amis d'enfance de son mari. L'un des deux est Stévenin, évidemment. L'autre, c'est Yves Afonso, qui avait quelque chose de Vincent Lindon. Une montgolfière s'envole. La couleur du ciel s'en trouve changée. À un moment, une réplique fuse : « T'en fais pas, Papa, chacun son p'tit rythme. » On ne saurait mieux dire. C'est quoi, l'âge adulte, sinon s'apercevoir que la colonie de vacances où vous avez passé vos meilleurs étés a été transformée en maison de retraite ? À la fin des fins, de quoi se souvient-on, au juste ? De son premier match de foot, en sixième. Et encore. Nous allons vers un monde où il y aura de moins en moins de Peaux-Rouges.

Pascal Thomas continue d'être un antidote à la morosité. Il rigole toujours au fond de la classe, fait les quatre cents coups. Que sont devenues les Suédoises des seventies ? Leurs cheveux blonds ont des reflets gris. Ce Français superlatif est le plus italien de nos metteurs en scène. Sa bonne humeur a quelque chose de méditerranéen alors qu'il plante sa caméra à l'île de Ré. Son plaisir de filmer saute aux yeux. L'effort, il le laisse aux autres. Si vous n'êtes pas fait pour ça, ne choisissez pas ce métier, semble-t-il dire à ses confrères. En Léautaud de la pellicule, il n'aime que la conversation filmée. Son don d'observation se mêle à une tendresse élégante et moqueuse. Le tout forme une savoureuse défense du bonheur, ce gros mot qu'on ne trouve plus dans les dictionnaires. Il est sensible à l'imprévu. Quand il pleut, il raffole des ciels gris, des nuages. S'il fait beau, il met des lunettes noires. Sans en faire tout un plat, il a inventé le gag le plus métaphysique de toute l'histoire du cinéma : la scène de la pelle dans *Le chaud lapin*. Il a l'âge des grands-pères qui savent un tas de choses dont ne parlent pas les adultes. Sa jeunesse, oui, s'est enfuie. Son souvenir lui coule dans les veines. Il n'y a plus de Carmet, de Ceccaldi. Que faire ? On ne va pas bouder dans son coin, quand même. Alors on réserve une table chez Lipp (à gauche en entrant). On revoit de vieux Leo McCarey. On joue au loto sportif.

On pousse la porte d'une librairie, au cas où un roman fournirait un sujet. On ne sait jamais, hein. Ses films sont peuplés de figures pittoresques. Le naturel y coule de source. Il y a des lycéens timides, des demoiselles sérieusement enceintes, de vastes fromagères, des Parisiens ridicules. Ils sont rêvés. Ils marchent dans des arrondissements de la rive droite ou dans la campagne poitevine, attendent l'autobus sous la pluie devant le Carrousel du Louvre. Les refrains de Paolo Conte bercent la mélancolie. Les appartements renferment des bibliothèques bourrées jusqu'à la gueule. Tout cela participe d'un art de vivre dont l'origine se perd dans l'antiquité. Les pères ne comprennent pas leur progéniture. La tristesse, à condition qu'elle ne dure pas, est une bien belle invention. Il reste les voyages en train, les éditions originales, les vestes de chez Cifonelli, les concertos de Mozart, ces occasions manquées dont on sait parfaitement qu'elles auraient pu réussir. Il y a toutes celles qu'on n'a pas eues. Elles laissent le plus de regrets. En 2019, Pascal Thomas doit se sentir un peu seul. C'est une âme innocente et gaie. Il lutte contre l'air du temps. L'état du monde le désole. Néanmoins, il a très vite remarqué que la réalité était cocasse. Ce constat déclenche chez lui des fous rires rentrés. Cet optimisme prend des allures de défi. Son avant-dernier film est sorti le jour des attentats contre *Charlie Hebdo*. À l'origine, ce marivaudage devait être à l'affiche à une autre date. Elle ne lui plaisait pas. En face, il y avait une autre comédie. Thomas demande aux distributeurs de bousculer leur calendrier. Il obtient gain de cause. Il garde le moral. Un jour, il faudra lui dire que Jean-Marc Roberts assurait que *Confidences pour confidences* était le meilleur film de Truffaut. Il ne faudrait jamais quitter Montargis.

Où va le cinéma ? Dans le noir. C'est son élément. Il y va d'un pas sûr. Il s'enlise, patauge dans la gadoue, comme la DS de Piccoli à la fin de *Mado*. Le mystère le plus total plane sur son avenir. Ce siècle aura sa peau. Il y a un truc qui cloche. Jadis, les films étaient faits pour voir des femmes plus belles que nos voisines de palier. Cela n'est plus de saison. Il convient de s'interroger sur le phénomène. Vaste question.

Ça n'est pas comme ça qu'on aura des Deneuve ou des Romy Schneider.

Les fils à papa ont envahi ce qui aurait pu rester une cour de récréation. Les génériques ressemblent à des faire-part. Les anciens sont tout fiers de lancer leur progéniture. Des noms, des noms ! Vous en voulez ? Ça n'est pas ça qui manque : Louis Garrel, Léa Seydoux, Charlotte Gainsbourg, Chiara Mastroianni (double peine), Lou Doillon, Marilou Berry, Lolita Chammah. Cela va finir par devenir risible.

Heureux temps où le cinéma français disait quelque chose à la terre entière. Dans les universités américaines, cela ne jurait que par *À bout de souffle*, *Tirez sur le pianiste*. Le jeune Bertolucci rêvait d'imiter Godard. Tarantino faisait ses classes en visionnant tout Melville sur VHS. Les *Cahiers* étaient la bible. Hitchcock était tout content d'être interviewé par Truffaut.

Aujourd'hui, il a été rayé de la carte du monde. Il a tout fait pour ça. Le cinéma s'est dit que, puisque les Éditions de Minuit occupaient les États-Unis, il fallait agir de même. Un mot d'ordre : faire emmerdant. Mission accomplie. Les auteurs sont aux abonnés absents. L'euphorie s'est dissipée. Ils nous embarrassent, comme ces touristes français à l'étranger qu'on reconnaît aussitôt à leur tenue, à leur accent, et dont on ne voudrait surtout pas être les compatriotes.

Où est la fumisterie de Chabrol ? Qui a effacé les dialogues frottés au gant de crin signés Bertrand Blier ? Qui a hérité de l'inventivité de Guitry qui se croyait tout permis ? Tout est lent, mou, laborieux. Cela manque de gaieté, de baroque. L'effort se devine à chaque plan. Le cinéma français est cette vieille putain fardée à la peau flétrie. Elle a trop de protecteurs. Elle ne sait plus où donner de la tête. Cette tranquillité l'étouffe. Elle n'a plus besoin de prendre de clients. Madame touche une rente à vie. Pourquoi se démener, exercer des talents qui risqueraient de lui coûter sa place ? Nous n'allons pas continuer à rester au bras de cette pauvre maîtresse maquillée, respectable, alourdie. Quand même, elle avait changé depuis notre adolescence. Nous étions fiers d'elle ; elle nous fait honte avec ses rides et sa mauvaise graisse. On nous assure qu'elle est en pleine santé. Ces mensonges la réconfortent. Les pouvoirs lui déroulent une avenue. Elle crève sous les aides, se noie dans les subventions. Nous ne pouvons que regretter ces liftings inutiles. Cette veuve un peu faisandée commence à devenir gênante. On la montre du doigt. De quoi ont l'air nos Mia Hansen-Løve à côté de Kathryn Bigelow ou de Greta Gerwig ? Pour un peu, notre cinéma s'excuserait. Oh, ne faites pas attention à moi. Je n'y suis pour personne. Je ne raconte que de petites histoires. Rassurez-vous, nous ne quitterons pas notre deux-pièces-cuisine. Nous n'irons pas conquérir de vastes espaces, affronter des sentiments universels. Les yeux s'ouvrent sur un monde réduit aux dimensions d'un nombril.

Ce cinéma a des états d'âme de vieille fille. Il a mis à la porte la distraction, l'intérêt. Il parle de riens, de petits riens du tout. Il le fait avec gravité, componction. Il semble que la beauté ne soit plus un critère. Elle dérange. On lui préfère le banal, le grisâtre, le quotidien. C'est le royaume des ongles en deuil et des semelles de crêpe. À l'entrée des salles, il serait possible d'afficher : « L'actrice principale est dans l'escalier. Elle revient de suite.» Les immeubles modernes manquent cruellement de concierges. La raison en est simple : elles se sont exilées sur les écrans. Genoux cagneux et jambes en X, cheveux filasse et fesses en gouttes d'huile, en comparaison l'anodine Martine Carol paraît une inaccessible déesse. Aux superhéros, nous opposons des chômeurs en fin de droits. Cela manque de charme. On ne parle même pas d'âme et de fantaisie. Au fond de la salle, une personne timide lève le doigt. Elle réclame du tragique et de la légèreté. Visiblement, c'est trop demander. On n'en peut plus de ce sérieux, de cette pseudo-sophistication. Quel film français récent contient une scène comme celle de la salle de bains dans *Faute d'amour* ? On veut des sentiments éternels, des fous rires inextinguibles.

La vie continue. Elle ne fait semblant de rien. Christine Angot écrit un scénario. Il devrait y avoir des lois pour ça. Doillon trouve des bailleurs de fonds. Benoît Jacquot livre son long-métrage annuel. Au lieu de soutenir Nicole Garcia, on encense Paul Verhoeven. Philippe Garrel, de plus en plus fatigué, continue à regretter Mai 68 et à obtenir de bonnes critiques. Dans chaque film français, une scène s'impose : la danse dans une boîte de nuit. Cela est censé rythmer l'action (l'action, quelle action ?), offrir une sorte de parenthèse poétique. Pitié, plus de Bronski Beat, svp. La médiocrité bombe le torse. Elle ne produit que du porte-à-faux. L'absolu est parti sans demander son reste.

Où est la hardiesse ? Dans quelle contrée lointaine la folie, le courage se sont-ils fait la malle ?

Le cinéaste français a un caractère bien trempé. Il a fait Mai 68 ou, s'il est trop jeune, regrette de ne pas avoir vécu les barricades. Il affiche une coiffure négligée, porte des pantalons qui tire-bouchonnent, des vestes de velours qui ne sont pas à sa taille. Ses cernes sous les yeux signalent une vie sexuelle débridée (plusieurs mariages à son actif, des maîtresses comme s'il en pleuvait). C'est un sauvage qui connaît du monde.

À Censier, au Mirail, les élèves étudient son œuvre. Ses échecs sont autant de médailles qu'il arbore. Son temps se partage entre avant-premières en province, hommages à la Cinémathèque, participation à des jurys départementaux. Dans le TGV, les passagers de seconde classe le reconnaissent. Certains lui demandent un autographe : il arrive à rosir. À la sortie de ses longs-métrages, il a une presse réduite, mais louangeuse. Cela lui suffit. Il vieillit mal parce qu'il veut faire jeune. Il admire Duras, cite *Salò* de Pasolini, voue un culte à Jean Douchet, parle d'art citoyen, de cinéma du milieu. Il y a de grands morts. Tard le soir, il relit Serge Daney. Cela lui donne mal à la tête. Ces migraines sont la preuve de sa singularité.

Les plus malins préfèrent dormir sur leurs lauriers, s'arrêter au premier film. Il est inutile de gâcher de si glorieuses promesses. Ils se consacrent à l'analyse de petits films américains négligés, aux séries B en noir et blanc. On fait appel à eux pour les bonus de DVD. Ils vivent dans le pire désordre. Leur boussole est déréglée. Ils assurent leurs fins de mois dans la publicité. Ils ont la sottise de ne pas s'en vanter. Si encore ils étaient brouillons. On souhaiterait qu'ils soient mondains. Même pas.

Quand ils ont fini de tambouriner à la porte du CNC – mon avance sur recettes ou je fais un malheur ! –, ces Rimbaud rétribués par l'État se laissent inviter par UniFrance à New York ou au Japon. Comment ? Je ne suis pas logé au Pierre ? Pas un cameraman qui ne se confonde avec Méliès. Des talents d'envergure villageoise se hissent à des hauteurs insensées, s'exportent en Argentine ou à Sarasota. Ces folies ont de quoi gêner. Ils se haussent du col. Plus personne n'est là pour applaudir. Ce silence ne les dérange pas. Ils ne détestent pas rester entre eux. La profession a des mœurs vivipares. Les metteurs en scène se reproduisent comme des cèpes après un orage dans le Sud-Ouest.

On imagina l'exception culturelle. Alors commença l'imposture. Entre deux séjours aux frais du contribuable, ils professent des opinions extrêmes. Leur fièvre se soigne avec de solides doses de subventions. Ils se côtoient, se jaugent, s'évaluent. Ils se serrent les coudes, s'assurent quelques bonnes années. La politique, cette demoiselle frileuse, s'est blottie dans les bras de ces valeureux boy-scouts. Ils souffrent pour les démunis. On touche là à des blessures profondes. L'actualité leur octroie un pouvoir dont ils osaient à peine rêver. Cette posture ! Leur vanité écorchée leur fait pousser de hauts cris. Ils se mettent à ressembler à leur caricature. Ils rêvaient d'être des personnes avec lesquelles le gouvernement doit compter. Voilà qui est fait. Le débraillé et la passion de la justice sont leurs deux mamelles. Leur humanisme a de grosses joues rouges. Cela fait plaisir à voir. La bonne conscience s'étale à l'heure des repas. Ces jours-là, ils s'exercent à la modestie. Ils fourbissent tout un vocabulaire d'avant-guerre. Leurs pensées vont aux réfugiés, aux femmes battues, aux sans-abri. Ils forcent le trait. Leurs déclarations n'effraient pas grand monde. Les damnés de la terre n'en reviennent pas. Tout ça pour eux ? Tout ça, quoi ? Deux réunions, une demi-page de signatures rassemblées dans *Le Monde*, une tribune dans *Libération*, trois minutes au journal de 20 heures – et puis, vous savez ce que c'est, il faut préparer sa valise pour Cannes (comment ? Je ne suis pas au Carlton ?). Ces courageuses initiatives relancent des réputations. Ses films ne sont pas terribles, mais il est si généreux. Et il ne mange plus de viande. Dans l'avion, je l'ai vu céder son siège côté hublot. Des cœurs gros comme ça battent sur les estrades. Cinéma, mon beau souci. Ce qui m'intéresse, au fond, c'est le bonheur des humbles. Mais oui, mais oui. Ne pas oublier d'appeler Teresa Cremisi qui préside l'avance sur recettes. Qui siège avec elle, déjà ?

Eux, de dangereux révolutionnaires ? Comment ne pas rire aux éclats ? Ils feraient bien d'en profiter. On est choqué par ce gaspillage. Cette sinécure ne va pas durer. Dans l'esprit du public, ces auteurs satisfaits seront remplacés par des sportifs, des blogueurs, des cuisiniers. On les recevra à l'office.

Ils seraient plus inspirés de tourner de meilleurs films. Cette tâche semble malheureusement au-dessus de leurs forces. Les plus malins se lancent dans des biopics laborieux. Dans *Rodin*, Vincent Lindon parle dans sa barbe. On le comprend encore moins que le député Jean Lassalle. Chez papa Garrel, des professeurs sautent sur leurs étudiantes dans les toilettes de la faculté. Ils ont toujours l'air fatigué (grave incohérence : vous avez vu l'emploi du temps d'un universitaire ?). Le simple fait de mettre les mains dans les poches de leur duffle-coat suffit à les exténuer. Ce metteur en scène qui n'est plus tout jeune doit encore dîner au resto U de la rue Mabillon. Ces habitudes préservent une adolescence immuable. Les filles vivent dans des chambres de bonne alors que celles-ci ont disparu de la circulation depuis des années. Aucun Belmondo ne leur demande s'il peut pisser dans le lavabo.

De temps en temps, un des personnages saute par la fenêtre. C'est reposant.

Il y a un problème. Le public est paresseux. Il a besoin de Dany Boon-aux-vingt-millions-d'entrées. Il lui faut sa ration de Ch'tis. Quand il n'a pas Biloute, on lui donne les Tuche. Il est tout content. Ce bain de médiocrité, ce comique en tricot de peau lui rafraîchissent l'âme. Lorsqu'il est en manque, le dealer a un produit de substitution : sa méthadone s'appelle *Neuilly sa mère !* Ces farces bâclées sont prisonnières de leur succès. Elles visent bas. Elles labourent leur champ, virent à la formule, rodent un système. Cela sent le réchauffé. Cet humour au micro-ondes pousserait les plus nostalgiques à regretter *Les Charlots font l'Espagne*.

Les auteurs jouent les modestes. Dans leur for intérieur, ils enragent. Ce sont des mal-aimés. La critique les boude. Ils voudraient tout à la fois, les files d'attente dans les multiplexes et la une de *Positif*. Ils cultivent la proximité, la fausse gentillesse. Ils battent le record de *La grande vadrouille*. Éric Lartigau, qui n'a sûrement jamais approché un brin d'herbe ailleurs qu'au bois de Boulogne, se penche sur une famille de paysans sourds-muets. Il choisit une province, un métier, un handicap, agite ces divers ingrédients pour former un cocktail épais, sucré, qui tient au corps. Ces rigolos n'ont pas de style, mais la malice d'imposer de fainéantes habitudes. Leurs noms sont associés à la grosse marrade, aux triomphes populaires (adjectif qu'ils brandissent à tout bout de champ). Ils se répandent dans de longues interviews où ils se plaignent de la presse spécialisée (que des aigris), déménagent à Los Angeles. Aux Césars, ils font grise mine. Pour les consoler, on inventera une catégorie rien que pour eux.

Pour les meilleurs d'entre eux, la littérature restait une vieille habitude. Il n'y avait pas à en sortir. On rigolait, on faisait des enfants, on jouait au monsieur. C'était toujours vers elle qu'ils revenaient, inlassablement, avec une sorte de maniaquerie qui n'en finissait pas d'étonner leurs proches. Elle ne changeait pas. Eux, en revanche, prenaient de l'âge. Ils avaient appris à faire semblant. Ils en avaient un peu honte. Les choses ne leur paraissaient plus si amusantes. Et s'ils s'étaient trompés, si le cinéma ne correspondait plus à leurs souhaits ? Ils avaient longtemps cru qu'il demeurerait tel qu'il avait toujours été, dans les siècles et dans les cieux, que les images pouvaient exprimer des sentiments que les phrases ne sauraient traduire : Montand déblayant la neige de son pare-brise dans *Vivre pour vivre*, le baiser tremblé de Grace Kelly à James Stewart dans *Fenêtre sur cour*. La littérature, la littérature, bien sûr. Elle avait le mérite de ne pas avoir attrapé une ride. Stendhal, Proust, Fitzgerald étaient là, intacts, minéraux. À côté, leurs films ne faisaient pas le poids. Mais, à côté de la littérature, rien ne faisait le poids, même pas la vie. Il faut le redire. Martin Amis a raison : « Pour un écrivain, lâcher un roman pour un scénario, c'est comme échanger une piscine contre une baignoire. » Parfois, on comprend Louis Malle qui, à la rubrique Profession de ses papiers, indiquait : « Trufficulteur ».

Allons, un peu de calme. Un bilan s'impose. On a ri (beaucoup) à *Intouchables*, tordu le nez (tout le temps) devant *Samba*, souri (souvent) face au *Sens de la fête*. La comédie est une matière inflammable. Un rien, et elle vous explose au visage. Yvan Attal a retrouvé la forme avec *Le brio*, mais quel mauvais titre ! On a applaudi *Les garçons et Guillaume, à table !*, soupiré à *Maryline*. Céline Sciamma était prometteuse avant qu'elle ne se prenne pour Leni Riefenstahl admirant béatement les Nouba de Kau.

Polanski adapte Delphine de Vigan. Par moments, on se met à regretter les pochades avec Dario Moreno ou Eddie Constantine. *Oh ! Qué mambo*, ce n'était pas si mal. Et *Lemmy pour les dames*, ça valait tous les Dany Boon, non ?

Les films succèdent aux films. Ils s'effacent dans un poudroiement de lumière. Il n'y a plus que du périssable, de l'éphémère. Plus personne n'essaie d'attraper l'or du temps. Plus de sorciers. Le cinéma fait partie des meubles. Nos metteurs en scène filment avec des grâces de déménageurs. La caméra leur brûle les doigts. Ils la déplacent avec des grognements d'effort, la reposent en nage. Ouf, encore un plan dans la boîte. Un « Coupez ! » s'échappe de leur bouche. Alors ils s'essuient le front d'un revers de main. Ils feraient mieux de filmer ce qui leur passe par la tête. Hélas, on ne sait pas ce qu'elle contient, leur tête. Éblouis d'une gloire incertaine, ces énergumènes tiennent à montrer qu'ils ne sont pas dupes de ce qu'ils racontent. Ils écrivent avec des moufles. Leur manque d'oreille est frappant. Chez eux, on ne parle ni comme dans la vie ni comme dans les livres. On parle comme dans un mauvais film. Ils pestent contre les critiques. Ils devraient aller jusqu'au meurtre. Cela mettrait un peu de couleur dans les jours. Il y aurait du sport. Le moi gonfle. Des mégalomanes sans réelle personnalité affichent une sensualité à peine moite.

Cela va au plus cru de l'intime. Si l'on avait du temps à perdre, on compterait le nombre de films où l'on voit une femme en train de faire pipi. Dans les films français, les héros n'ont pas de vrai boulot. Ils sont artistes, romanciers, photographes. À part chez Brizé, on ne les aperçoit jamais dans un bureau. Pas question que ces gens-là soient ferrailleurs (*Max et les ferrailleurs*), revendeurs en métaux (*César et Rosalie*), chefs d'entreprise (*Vincent, François, Paul et les autres*), promoteurs immobiliers (*Mado*). À intervalles réguliers, on a droit à des prostitués, mâles ou femelles, car il s'agit d'être moderne. Leur emploi du temps est scruté avec un luxe de détails qui ont le don d'embarrasser. Comme dans la chanson de Pierre Perret, on saura tout sur le zizi. On n'en demandait pas tant. On aurait tant voulu que le cinéma permette de traverser Paris à moto en grillant tous les feux.

Antoine Doinel agonise dans l'habit de Louis XIV. Léaud, orphelin à vie, attend de rejoindre François Truffaut. On lui remet des décorations. Il parle du cinéma à l'imparfait. Il n'est déjà plus là. Sa mère est morte depuis longtemps et il n'a même plus besoin d'inventer un mensonge pour excuser ses absences. Sur l'écran, des visages s'effacent. Bientôt, ils ne diront plus rien à personne. Il n'est pas exclu que les cinémas deviennent des grottes de Lascaux. On y projettera en cachette des images sur des parois humides.

Et voilà que Belmondo a un AVC, que Delon se retire de la bataille. Quand même, ils faisaient de beaux octogénaires. Dans les yeux de Delon passaient les ombres de Melville et de Visconti. Ronet a été bouffé par son crabe. Et Clément, ça n'était pas rien, René Clément. Ils sont tous morts. Mireille Darc y a eu droit aussi. Alors Delon regarde autour de lui et ne contemple plus qu'un cimetière. Tous ces noms qui ont défilé sur les génériques et qui ornent maintenant des pierres tombales. Le marbre et le celluloïd. Qui a dit ça, déjà ? Deneuve continue à être Deneuve : c'est son meilleur rôle. Elle se sent sûrement bien seule.

Le cinéma français se meurt de mort lente. Il ne fera pas de bruit en tombant. Cela produira ce curieux phénomène : un cinéma sans public. Il a eu un passé. Il se chauffait d'un bois différent.

Il lui est arrivé d'être glorieux. Il régnait sans partage, avait l'humeur vagabonde, résonnant comme une chanson sous des pins parasols en été. Il refaisait le monde. C'était sa tâche, son honneur, son plaisir. Son arsenal se constituait de plans qui précédaient les idées. Il ouvrait des portes, ravivait des souvenirs, offrait des bribes de futur. L'époque vibrait. Les fantômes ressuscitaient. Les amours ne mouraient jamais. Il s'agissait de saisir l'éternité à la gorge. Il y avait des serments chuchotés, des brouillards d'aube.

Les lumières vertes n'en finissaient pas de briller au loin. Le temps se déroulait en 24 images-seconde. C'était son rythme. La vie était faite pour donner ces séquences tremblotantes. Le rideau s'ouvre encore une fois.

Sur les Champs-Élysées, les passants ne croisent plus un acteur. La profession a déserté le Fouquet's. Les touristes ignorent que Jean Seberg y distribuait jadis le *New York Herald Tribune* en tee-shirt blanc sous lequel pointaient ses petits seins. Il reste quelques salles. Elles sont à moitié vides. Qui regrettera ces séances de l'après-midi où il n'y a que des solitaires ?

Il faut avoir la mémoire heureuse. Dans un monde parfait, on ne se souviendrait que des bons films. Ces pépites surnageraient au milieu d'un marécage de navets. Les heures perdues s'effaceraient. Tout n'est pas foutu. La légende résiste. Noah Baumbach a prénommé son fils Rohmer. À Capri, la maison de Malaparte est toujours là, intacte. Elle trône comme un sphinx sur sa falaise. Tout n'est peut-être pas perdu.

Les films vieillissent avec nous. Nous refusons de voir leurs rides. Toutes ces imperfections nous attendrissent.

Il existe des exceptions. Arnaud Desplechin sort du lot. Cet homme a été inventé par le cinéma. Le nitrate d'argent lui coule dans les veines. Sa caméra est une ballerine. Elle a des grâces de nageuse synchronisée. Ce qu'il a à dire, il saute aux yeux qu'il ne peut l'exprimer qu'avec des images. Le cas est rare. Cela ne l'empêche pas d'être le plus littéraire de nos réalisateurs. Comme Truffaut, il tourne des films parce qu'il n'arrive pas à écrire de romans. La littérature a peut-être perdu un fils. Le cinéma a gagné une recrue. Desplechin filme des normaliens. Il a le droit. Il les connaît. C'est son milieu. Il a grandi là-dedans. Ses personnages circulent avec un air vaguement hagard dans les couloirs de la Sorbonne, cartable sous le bras, dans un manteau chiffonné. Ils portent des noms empruntés à James Joyce, discutent à n'en plus finir dans des cafés, se saoulent avec du mauvais vin rouge à des dîners où ils ne connaissent personne, croient aux fantômes, se réfugient dans des maisons à Noirmoutier, draguent des filles qui ne sont pas terribles et généralement un peu folles (le moyen de faire autrement : telles sont les diplômées). Elles dansent (pas très bien) sur des chansons de Bob Dylan. Dans *Comment je me suis disputé*, on aperçoit Marion Cotillard toute nue. On lit des lettres en voix off. La narration brûle les étapes. Le cinéma fait le reste. Il y a chez lui une folie contrôlée. Ses héros sont survoltés, électriques. Ces écorchés vifs sont de véritables grenades dégoupillées. Plus tard, ils deviendront profs, astrophysiciens protestants, réveillonneront en famille à Roubaix. Des vérités s'écraseront sur la nappe. Bonne année. Certains seront même cinéastes. On baisse d'un cran. Ils prendront des cachets avec du whisky. Ce régime a des résultats divers. Dans *Rois et reine*, Mathieu Amalric, certes un brin médicamenté, traite Deneuve de « petite connasse ». Le cinéma de Desplechin a le feu aux trousses. Il est plein de souvenirs nocturnes.

Olivier Marchal, notre Michael Mann, sait tenir une caméra. C'est déjà ça. Ils ne sont pas si nombreux dans ce cas.

Sandrine Bonnaire prend des bateaux pour ailleurs, le regard terni par des milliers de départs.

Il y a eu *La guerre est déclarée*, *Ni le ciel ni la terre*, *Petit paysan*, *Volontaire*.

Les critiques de cinéma se mettent à faire des films pour arrêter d'écrire des articles. Les critiques littéraires continuent à donner leur avis dans les journaux après avoir publié leur premier roman. *Transfuge* compare (on n'invente rien) Benoît Jacquot à Fritz Lang. L'intéressé ne dément pas. Allons-y. La critique n'est pas très fine. Ses sabots font un bruit d'enfer. Elle réhabilite Verhoeven, a des vapeurs devant Assayas, défaille en face de Bonello, ne se rend pas compte que tout ce que filme Gaspar Noé a l'air d'être en italique, ne trouve pas assez de superlatifs pour qualifier Honoré. Allons bon !

Écrasé de lourdes intentions, le cinéma est vague. Il n'est guère nouveau. Il s'en remettra. Dans un coin, la muse bâille. Pauvre cinéma. Petite chose fragile. Il a épuisé toutes les formes. Ce problème est insoluble. Il est devenu l'art le moins capable d'invention. On aimerait un peu de poésie, qu'elle soit sobre, délicate, avec l'insouciance en bandoulière, quelque chose d'étourdi, de frais, de mal peigné. On voudrait que le talent redevienne aventureux, que des metteurs en scène descendent au fond d'eux-mêmes pour nous parler de nous, nous offrir des pans entiers de ciel. Le cinéma français est comme les lauréats des Césars : il porte un smoking mais pas de cravate. Il continue sur sa lancée, n'a plus de raison d'être. Ces vieux habits flottent sur ses épaules. Il sait bien que cette tenue n'est plus de saison, que continuer à faire des films, c'est rouler en calèche. Aujourd'hui, les morts ont l'air plus jeunes que les vivants. La légèreté est de leur côté. Les films devraient se faire sans réfléchir, comme ça.

Des souvenirs reviennent. Corinne Marchand a peur de mourir. C'est la pire journée de sa vie. Elle marche dans les rues en attendant le verdict du médecin (Sagan ne se gênera pas pour reprendre l'intrigue de *Cléo de 5 à 7* dans *Un chagrin de passage*).

L'univers se résume à un mètre de pellicule. Le cinéma, oui, continuera à nous inonder de lumière. Rendez-nous un temps où les mariées s'habillaient de noir, où les pères Noël avaient les yeux bleus, où des enquêtrices recherchaient des petites filles en manteau rouge. Nous exigeons des danseuses avec leur petit tralala. Il faudrait revivre l'expérience d'Astruc, incapable de regarder *L'aurore* de Murnau jusqu'au bout tellement la beauté de la chose l'avait foudroyé. Il y a eu une période où le cinéma a failli être un art. Tout le monde était d'accord là-dessus. Il allait révolutionner la perception, cumuler les pouvoirs de la littérature, de la musique, de la peinture. L'horizon s'ouvrait. Il était infini. Le vent de l'histoire soufflait. Force 8. Le cinéma multiplierait les formes, s'offrirait l'équivalent des essais, des poèmes, des romans. Il y aurait même des journaux intimes. Alexandre Astruc avait raison de créer l'expression caméra-stylo. Les films utiliseraient la première personne. Ils nous empêcheraient de dormir sur nos deux oreilles. L'audace et l'imagination seraient leurs invitées permanentes. L'ambition aurait son rond de serviette. Nous ne cesserons pas de croire que des tempêtes vont fouetter l'écran, que des images surgiront à un galop d'enfer. Nous éprouverons de nouveau une sensation de beauté pure. Nous continuerons à nous demander à quel moment exactement BB commence à mépriser Piccoli dans le film de Godard et à frémir parce qu'une serveuse tend une rose rouge à Jeff Costello. Ces jeux ont leur importance. Le cinéma, quand il est bon, quand il est lui-même, frivole, grave et insouciant, c'est l'enfance retrouvée, intacte. On y plonge comme dans un édredon, en rêvant de pleurer, d'avoir peur. Nous voulons voir un chien courir sur une plage normande, une petite fille fondre en larmes dans un parc, l'invité d'un mariage reprendre les *Brandebourgeois* de Bach, une femme en imperméable vert déambuler dans les rues de Biarritz hors saison. Donnez-nous encore des mondes débordant de périls. Rayez Chantal Akerman de votre vocabulaire. Partez à l'aventure. Découvrez des horizons insoupçonnés. Prenez des risques. Allez de l'avant. À ce prix, les films seront grands et nous les aimerons à nouveau. Mais dépêchez-vous. Nous n'allons pas tenir longtemps.

Ultime soupir. Dans *Roma* d'Alfonso Cuarón, l'héroïne va voir *La grande vadrouille.* Ce genre d'anecdote laisse rêveur. Le film se situe dans les années soixante-dix. Croit-on vraiment qu'en 2010 le public mexicain va se précipiter à *Bienvenue chez les Ch'tis* ?

Julia Ducournau est, paraît-il, très jolie. Voilà le problème. Les réalisatrices sont plus belles que leurs actrices. Qui nous rendra les garces d'antan ? La maison France n'a plus ça en magasin. Où sont passées ces filles qui étaient à se damner ? Le modèle du genre était Bette Davis. Sa rivale Joan Crawford lui collait aux talons. Cette alcoolique avait fini par épouser le patron de Pepsi-Cola. Sharon Stone s'est efforcée de reprendre le flambeau. Silvana Mangano endossait la panoplie avec une classe toute méditerranéenne. Aujourd'hui, les actrices françaises tombent amoureuses de leurs partenaires, de chanteurs de variétés, alors qu'elles devraient représenter l'impossible, faire trembler les étoiles. Cette paresse ne leur vaudra rien. Celles qui vivent avec des présidents de la République, on n'en parle même pas. L'époque manque de ces sorcières à la perversité infinie. Elles sont impatientes et cruelles, arborent une silhouette de cobra. Les ressources ne leur font pas défaut. Leurs ruses donnent froid dans le dos. Elles osent tout. En face, les hommes, ces naïfs, ne risquent pas d'anticiper leurs turpitudes. Elles font de riches mariages et des époux malheureux. Martyriser ses enfants est conseillé. Elles mentent tout le temps, masquent l'écran de leur téléphone. Leur sourire transperce comme une épée. À côté d'elles, la Milady des *Trois mousquetaires* est une oie blanche. Les sentiments sont interdits de séjour. L'amour, le vrai, est proscrit. Elles savent l'imiter. Seul l'intérêt compte. La beauté, elle, ne dure pas. Il faut en profiter. Elle se paie cash. Les garces aiment le caviar et les manteaux de fourrure. Leur physique leur sert d'assurance-vie. Elles ont compris que la minceur était le premier devoir d'une femme. On n'imagine pas les garces en surpoids. Elles raffolent de leur petite robe noire. Elles font mille manières avant de l'enlever.

La garce est un trésor national vivant. Elle vient de la nuit des temps. Ses rivales ne lui arrivent pas à la cheville, qu'elle a fine (première chose à regarder chez une actrice : la malléole). Noter la position de ses jambes lorsqu'elle s'assoit. Elle les croise comme des lianes autour d'un arbre tropical. Le pied se coince derrière le mollet. Cela forme une diagonale émouvante. Corollaire : une jambe n'est jamais trop longue. Inutile de déranger Truffaut et sa fameuse formule. Championnes de la catégorie : les jambes de Faye Dunaway dans *Barfly*.

Le visage arbore une certaine noblesse. Cette impression est trompeuse. À l'intérieur, tout est pourri. Si elle accepte de se marier, c'est du bout des doigts. Les soupirs sont à prohiber. Le brevet de garcitude demande des dons : une patience très provisoire, un sens du mystère, une passion pour le mensonge, une vilenie sans limites. Munie de ces ingrédients, l'avenir est à elle. La garce fume, évidemment. Elle se moque des interdits. Le noir et blanc lui va bien.

Elle hausse les épaules d'un air agacé. Renverser la tête en arrière, elle connaît ça par cœur. Le mouvement s'accompagne d'un rire méchant. Ses paroles s'accordent à sa toilette. Quand elle arrive à ses fins, on ne la tient plus. Redonnez-nous vite des salopes comme la Danièle Delorme de *Voici le temps des assassins* qui en faisait baver à un Jean Gabin dépassé par les événements.

Ne pas confondre avec la femme fatale, qui est une denrée encore plus rare. Alors là, il faudrait carrément lancer des SOS. Quand le service public se décidera-t-il à organiser un Garcithon ? Les dons masculins afflueraient. Assez de ces demoiselles gentilles, aux rondeurs incertaines, ces gourdasses sans cesse au bord des larmes, qui marchent les pieds en dedans, ont les genoux qui se touchent, des mains de musaraigne.

Les dîners sont d'un ennui. On n'y parle jamais de cinéma. Plus personne n'a envie de lancer sur la nappe ce malade qui a eu une jeunesse dorée. Il dépense sans joie les derniers fastes de son héritage. Il est à l'image de ce temps, pesant, bourbeux, noirâtre. Il cultive l'absurde et la médiocrité, se repaît de mesquinerie, se gorge de platitudes. Il se croit témoin de son temps. Ça n'est pas son style d'ignorer les problèmes de société. On bâtit ainsi de solides dossiers, drames du chômage, comment se procurer de la drogue passé minuit dans le quartier des Champs-Élysées ou dans les banlieues de Midi-Pyrénées, le meilleur moyen de monnayer son corps dans les buissons du bois de Boulogne. L'enfance est à la mode. Il est beaucoup question de pédophilie. Tout cela assez godiche, au surplus. On y chercherait en vain l'équivalent des bonheurs d'expression en littérature. Le cinéma ne compte plus. Imagine-t-on le mouvement des Gilets jaunes annoncé par le renvoi du directeur de la Cinémathèque ? Mai 68 se déroulait en 24 images-seconde. Les événements de 2018 ont besoin des chaînes d'information en continu. Aucun François Truffaut n'aurait l'idée de commencer ses *Baisers volés* en filmant le bâtiment de Frank Gehry. On voit mal un réalisateur être blessé par les CRS. Nul Mathieu Amalric, pourtant révolté dans l'âme, pour lire des discours enflammés devant des banderoles réclamant la démission du ministre de la Culture, monsieur dont tout le monde ignore le nom. De là-haut, Malraux rigole. Si au moins le cinéma était une industrie !

Dans les conversations, il n'y en a plus que pour Netflix. Avez-vous vu la dernière saison de *Game of Thrones* ? La noble Isabelle Huppert (c'est la dernière fois, promis !) préside des jurys. Cannes invite n'importe qui. L'époque n'a jamais été aussi braillarde. Le cinéma français tient à ses charentaises. C'est un cinéma qui claque des dents, qui n'ose pas mettre le nez dehors. Gonflés d'un féroce appétit de renommée, les metteurs en scène sont d'un frileux ! Comment sauraient-ils parler des autres ? Nulle modestie ne les habite. Ils n'ont jamais travaillé. Ils n'ont même pas fait de prison. Ils sont allés à l'école, n'en sont pas sortis. Il viennent de la Fémis, se donnent des airs d'Orson Welles, adoptent des discours à la Godard. Ce sont déjà des petits vieux. Les quatre cents coups ne sont pas leur genre. On ne leur demande pas d'avoir un curriculum de romancier américain, mais quand même. On voudrait des soirs précoces, des rumeurs de manège. À la place, on aura ça : Ruffin qui filme des ronds-points. Puta madre ! Ça sera sans nous. Nous continuerons encore longtemps à croire à des héros qui n'ont pas existé. Il est temps de rallumer les lumières.

Du même auteur :

Aux Éditions Albin Michel

LETTRE OUVERTE À FRANÇOIS TRUFFAUT, 1987.
LES HANCHES DE LAETITIA, prix Roger-Nimier, 1989.
ACTUALITÉS FRANÇAISES, 1992.
COMME HIER, 1993.
LA PETITE FRANÇAISE, prix Interallié, 1997.
CHAMPAGNE !, 1998.
UN BIEN FOU, Grand Prix du roman de l'Académie française, 2001.
QUAND LES BRASSERIES SE RACONTENT, 2006.
PENSION ALIMENTAIRE, 2007.
MUFLE, 2012.
COSTA BRAVA, prix Cazes, 2017.

Chez d'autres éditeurs

PRÉCAUTIONS D'USAGE, La Table ronde, 1982.
NOS AMIES LES LETTRES, Olivier Orban, 1984.

UN TRIOMPHE, Olivier Orban, 1984.

DES GENS IMPOSSIBLES, prix Kléber-Haedens, La Table ronde, 1986.

PAS TROP PRÈS DE L'ÉCRAN (avec Patrick Besson), Le Rocher, 1993.

MICHEL DÉON, Le Rocher, 1994.

BARBE À PAPA, Belfond, prix des Deux-Magots, 1995.

LA SÉANCE DU MERCREDI À 14 HEURES, La Table ronde, 1998.

HISTOIRE DE FRANK, Fayard, 2003.

LES INSOUMIS, Fayard, 2009.

DICTIONNAIRE CHIC DU CINÉMA, Écriture, 2013.

L'AMOUR SUR UN PLATEAU (DE CINÉMA), L'Herne, 2014.

DICTIONNAIRE CHIC DE LITTÉRATURE ÉTRANGÈRE, Écriture, 2015.

DEUX OU TROIS LEÇONS DE SNOBISME, Écriture, 2016.

PAPIER À BASE DE FIBRES CERTIFIÉES

Le Livre de Poche s'engage pour l'environnement en réduisant l'empreinte carbone de ses livres. Celle de cet exemplaire est de :
250 g éq. CO_2
Rendez-vous sur www.livredepoche-durable.fr

Composition réalisée par Lumina Datamatics, Inc.

Achevé d'imprimer en novembre 2021 en Espagne par
LIBERDUPLEX
N° d'impression : 96008
Dépôt légal 1re publication : novembre 2021
LIBRAIRIE GÉNÉRALE FRANÇAISE
21, rue du Montparnasse – 75298 Paris Cedex 06

78/3378/6